FY NGHAR CYNTAF

bwthyn
GWASG Y BWTHYN

ISBN 978-1-907424-52-6

Cyhoeddwyd gyda chymorth ariannol
Cyngor Llyfrau Cymru

DIOLCH

- Diolch i bawb sydd wedi cyfrannu at y llyfr hwn.
- Diolch i Lefi Griffith, Gwasg y Lolfa, am ei gymorth parod
  yn casglu ynghyd llun Heulwen Haf gyda'i char o'r gyfrol
  Bron yn Berffaith, a llun Idris Charles a'i gar o'r gyfrol
  Heb y Mwgwd.
- Diolch i Wasg y Lolfa ac Eisteddfod Genedlaethol Cymru
  am ganiatáu i ni gynnwys dyfyniad o'r gyfrol *Si Hei Lwli*
  gan Angharad Tomos.
- Llun Harri Parri ar dudalen 8:
  ymholiadau@golwg.com/www.geraphoto.com

Cyhoeddwyd ac argraffwyd gan
Wasg y Bwthyn, Caernarfon
gwasgybwthyn@btconnect.com

FY NGHAR CYNTAF

Cynnwys

11 ANA 109
    Harri Parri

21 Y *Lethal Weapon*
    Angharad Tomos

30 Yr Anfarwol Triumph Herald
    Siân Thomas

41 Y Gwalch Gwyrdd
    Eleri Huws

51 Un Da oedd Morris y Teithiwr
    Heulwen Haf

61 Car Cynta, Car Caru
    Idris Charles

71 'Mae'r blydi car yna sydd gen ti'n beryg bywyd!'
    Emlyn Richards

84 Ffrind a Chymar Ffyddlon
    Ifan Jones Evans

89 O diar!
    Buddug Medi

101 Priodas Hapus
    Gari Wyn

110 Roedd pob Siwrne yn Antur
    Rhys Jones

116 'Eee, by 'eck lad, that lass be Learner Driver!'
    Mari Gwilym

Idris Charles

Yn wreiddiol o Fodffordd ar Ynys Môn, pentre' bach dwy filltir o dref marchnad brysur Llangefni. Erbyn hyn yn byw yng Nghasnewydd, ac yn byw yn y tŷ ble cafodd ei wraig Ceri ei magu. Yn dad i ddau o fechgyn, Iwan ac Owain, ac yn daid i'r ddwy ferch ddelaf yn yr holl fyd i gyd! Dydi ceir ddim mor bwysig dyddiau hyn, felly mae VW deuddeg oed yn gwneud yn iawn. Bu Idris yn ddiddanwr proffesiynol fel digrifwr ac yn sgriptiwr comedi i rai o enwogion y byd comedi am flynyddoedd. Mae o hefyd yn adnabyddus ar Ynys Môn fe dyn Ais crîm, a phan yn byw yng Nglannau Dyfrdwy, bu'n dreifio bysus ac yn hyfforddwr gyrru. Bu'n weinidog hefyd am bum mlynedd.

Mari Gwilym

Gan ei bod hi'n gweithio'n llawrydd, mae wythnos waith Mari yn amrywiol wrth iddi wneud bywoliaeth fel actores, cyflwynydd, cyfarwydd plant ac oedolion, awdur-sgriptwraig llenyddiaeth plant ac oedolion. Ganed ym Mhistyll, Llŷn, ac fe'i magwyd ym Mhontllyfni. Bellach mae hi wedi ymgartrefu yng Nghaernarfon gyda'i gŵr, Emrys. Mae Mari yn gyrru Skoda Fabia gwyrdd tywyll 13 oed, 'efo sgriffiadau melyn arno fo ar ôl i mi fynd yn sownd mewn polyn melyn un tro.'

Ifan Jones Evans

Crwt o Bont-rhyd-y-groes. Ar ôl cyfnod yng Nghaerdydd, mae bellach nôl adre yn byw ar y fferm deuluol ac yn y broses o adnewyddu hen gartref mam-gu a thad-cu sydd rhyw hanner milltir o'i gartref.
'Dwi'n hoff iawn o geir ac unrhyw beth ag injan a dweud y gwir. Mae gen i fotor beic 'Enduro' ond y car dwi'n ei ddreifio ar hyn o bryd yw BMW 3 series (320d).'

6

Buddug Medi

Byw yn y Bala mae Buddug Medi ac mae'n hanesydd ac eisteddfodwraig. Mae'n disgrifio ei hun fel 'Cymraes i'r carn'. Mae wedi ail wampio nifer o dai dros y blynyddoedd. Mi roedd ei thad a'i diweddar ŵr yn yrwyr ralïau ceir. Ford Ka llwyd tywyll yw'r car sy'n ei thywys o le i le ar hyn o bryd.

Eleri Huws

Un o Gei Conna, ar Lannau Dyfrdwy, yw Eleri. Bu'n byw yno am ddeng mlynedd cyn i'r teulu symud i Sychdyn, ger Yr Wyddgrug. Roedd ei gŵr Gwilym a hithau yn ddisgyblion yn Ysgol Ramadeg Alun pan ddaethon nhw i adnabod eu gilydd – ac maen nhw'n dal efo'i gilydd dros 50 mlynedd yn ddiweddarach! Maen nhw'n byw yn Nhalybont, Ceredigion, lle treulion nhw 44 mlynedd hapus iawn, a magu dau fab a merch. Ers iddi ymddeol chwe blynedd yn ôl o'i swydd llawn amser fel golygydd, mae Eleri yn gweithio'n llawrydd fel golygydd, cyfieithydd ac addasydd llyfrau. Yn awr, gyda'r teulu (sydd bellach yn cynnwys pump o wyrion) i gyd yn byw yn ne Cymru, mae hi ar fin symud i gyrion Caerdydd er mwyn bod yn agos atynt. 'Rydw i'n gyrru VW Polo ar hyn o bryd - ond mae'n hen bryd i hwnnw hefyd gael ei newid!'

Rhys Jones

Cyn brifathro sy'n gerddor, cyfeilydd, arweinydd cymanfaoedd, beirniad a chyflwynydd radio a theledu. Daw Rhys yn wreiddiol o Drelawnyd ac mae bellach yn byw ym Mhrestatyn gyda'i wraig Gwen. 'Y car dwi'n ei yrru ar hyn o bryd ydi hen Mercedes lliw arian. Mae'n ddeuddeg mlwydd oed ond fel newydd. Mae'n gar cyfforddus ac yn ddibynadwy iawn.'

Harri Parri

Gweinidog – un wedi mynd ar ei sodlau, bellach – yn traddodi ambell sgwrs neu ddarlith ac ysgrifennu ambell gyfrol.Yn enedigol o Ben Llŷn ac wedi'i fagu ar y Penrhyn. Wedi gweinidogaethu yn Uwchaled, Porthmadog a chwarter canrif yng Nghaernarfon cyn gollwng angor yn yr 'hen dre'. Y car mae'n ei yrru, yn bwyllog, ydi Volkswagen Golf 2.0 TDI GT, dirwestol o ran y tanwydd ond sionc ar ei deiars.

Angharad Tomos

Mae Angharad yn dod o Ddyffryn Nantlle, ac yn byw ym Mhenygroes efo'i gŵr, Ben, a'i mab deg oed, Hedydd. "Dwi'n gyrru Berlingo rŵan (yr ail, gan i mi grashio'r cyntaf). Car gredais i fyddai'n addas fel dormobile, ond wedi methu cael winc o gwsg pan oedd hi'n eira tu allan, 'dwi mond yn cysgu ynddo yn ystod yr haf bellach. Car fel bws, ond yn handi iawn i gario coed tân a nialwch gwersylla!'

Gari Wyn

Gŵr busnes a hanesydd cadair freichiau. Un o Uwchaled yw Gari yn wreiddiol ac mae bellach wedi ymgartrefu ym Mhentir ger Bangor. Ar ôl treulio 14 mlynedd fel athro – bu'n Bennaeth Hanes yn Ysgol Syr Hugh Owen, Caernarfon – fe adawodd y byd addysg 22 mlynedd yn ôl i ganolbwyntio ar ei fusnes, *Ceir Cymru.*

Siân Thomas

Cyflwynydd teledu a radio, ac un o gyflwynwyr cyntaf S4C. Yn enedigol o'r Rhondda, cafodd ei chodi a'i magu yn Ystalyfera. Wedi ymgartrefu yng Nghaerdydd ers dros 30 mlynedd. Y car yn ei bywyd dyddiau yma yw Renault Megane glas llachar, sy'n 'nabod pob modfedd o'r M4 rhwng Caerdydd a Llanelli, lle mae Siân yn gweithio bob dydd fel cyflwynydd *Heno* a *Prynhawn Da.*

Heulwen Haf

Darlledwr ac awdur. Un o Gorwen yw Heulwen yn wreiddiol ac mae wedi ymgartrefu yng Nghaerdydd ers sawl blwyddyn. Y car sy'n ei thywys o amgylch y brifddinas yw car Smart lliw du sydd â tho meddal ar gyfer y diwrnodau hynny pan mae'r haul yn tywynnu a'r awel yn gynnes. 'Mae'n gar delfrydol ar gyfer dinas,' meddai Heulwen, 'Ac mae'n un hawdd iawn ei barcio!'

Emlyn Richards

Gweinidog a ffermwr. Un o hogiau Pen Llŷn a fu'n gweinidogaethau am flynyddoedd ym Môn. Bu'n was fferm am 10 mlynedd cyn hynny. Y car y mae Emlyn yn ei yrru'r dyddiau yma yw Ford Ka glas 'lliw hwyaden.'

HARRI PARRI

Y profiad oedd syrthio mewn cariad, y gwrthrych oedd Austin Seven Chummy Tourer 1932 a'r lle oedd Efail Rhydgaled yn Nyffryn Nanhoron. 'Byth cofiaf mwy y lle a'r fan', chwedl Pantycelyn – er mai canu am brofiad uwch roedd o. Mae gen i gof 'mod i wedi seiclo yno'r pnawn hwnnw o haf ym Medi 1954 ar gefn *Hercules* cymalog a rhydlyd ddigon. Mi ddychwelais oddi yno'n berchennog, posibl, car penagored dwy ar hugain oed – os medrwn i hel digon o farblis i dalu amdano. Wedi gweithio tri mis yn casglu tocynnau ar fysiau cwmni Crosville, cael pumswllt y tro am draddodi f'unig bregeth – nid fod honno, na'r traethu arni, yn werth hanner hynny – a benthyca mymryn o fwrs y teulu roedd y fargen, hwyrach, o fewn fy nghyrraedd i. Dyna fo, i'r sawl sy'n syrthio mewn cariad ar yr olwg gyntaf, fel y gwnes i, pethau i'w gorchfygu ydi anawsterau ac aberth yn rhywbeth, nid i'w oddef, ond ei chwennych.

O ran ei olwg, math o gar rasio dwy sedd oedd yr ANA 109 er nad oedd ei gyflymdra, ar ei eithaf, fawr mwy na phum milltir a deugain yr awr. Roedd iddo saith grym ceffyl, ei do i'w agor neu'i gau yn ôl ffansi'r gyrrwr ac yn abl i deithio milltiroedd lawer, meddid, ar lond gwniadur o betrol. Sgwrs hwrjio'r gwerthwr oedd fy mod i, o'i brynu, yn cael dau gar am bris un.

'Sut hynny?'

'Mi aeth 'i injian o ar dân.'

'O!'

'Ond mi lwyddis i agor 'i fonat o, diolch byth, a lluchio pwcedad o ddŵr oer drosti. Ond dydi 'i gorff o, fel y gweli di,' a'i anwylo â'i law, 'ddim blotyn gwaeth, ddim blotyn gwaeth.'

A dyma finnau'n gweld y broblem, 'Ond fydda raid i mi ga'l hyd i injian arall iddo fo, o rwla'.

'Dal arni am funud. Mi aeth yna gar arall ar dân, 'run sbit yn union ag o. Yr un wsnos yn union a deud y gwir.'

''Rioed?' a dechrau ofni fod hanes llosgi'r Ysgol Fomio ar ddechrau cael ei ailadrodd.

'Ond corff hwnnw aeth, yli. Doedd 'i injian o ddim pin gwaeth.'

'Ac ma' honno yn hwn,' meddwn innau, yn achub y blaen arno.

'Digon yn dy ben di, does? Ydi, ma' hi dan fonat hwn. Mi gostiodd i mi, cofia. A dyna ti, mewn ffordd o siarad, yn ca'l dau gar am bris un. Dos â fo ar hyd Lôn Newydd Nanhoron 'ma i ti ga'l 'i deimlad o.'

Serch honiad y gwerthwr ei fod o fel newydd, doedd o ddim; ei injan heb gownt o'i milltiroedd a'i baent glas o'n dechrau pylu. Diffyg arall, un y sylwais arno'n nes ymlaen, oedd ei fod gyda'r car mwyaf drafftiog o dan haul y greadigaeth; doedd yna fawr o wahaniaeth â'r to yn agored neu wedi'i gau. Sylw 'nhad, wedi iddo gael ei reid gyntaf ynddo, oedd ''i fod o'n rêl sanatoriym'. (Arfer yr ysbytai hynny, â'r diciâu yn ei anterth, oedd bod â'u ffenestri'n agored ar bob rhyw dywydd.) Ond wedi i mi ei brynu, wythnos yn ddiweddarach, fe'i gyrrais am adref yn wyn fy myd, yn canu corn ar bawb a oedd o fewn clyw – a thu hwnt i hynny.

Un nos Sadwrn yn nherfyn yr haf hwnnw, â'r car newydd wedi cyrraedd, roedd teulu Bodwyddog, brawd a chwiorydd 'nhad, i ddod acw i swper. Ro'n innau wedi parcio'r ANA 109 yn amlwg, bowld ar y buarth, yn fwriadol felly, yn union gyferbyn â'r giât a arweiniai i'r ffordd fawr. Siawns na fyddai rhywun, cyn i deulu Bodwyddog landio hwyrach, yn pasio heibio, yn disgyn oddi ar gyfrwy'r beic a sylwi arno.

'Car newydd!'

'Na, ail-law ydi o.'

'Diawl, wn i hynny. Newydd i dy dad dw i'n feddwl.'

'Nid 'nhad . . .'

'Y?'

'Nid 'nhad, fi piau fo,' ac ymsythu.

'Dew! 'Rioed? Lle cest ti afal arno fo?' a dyna'r drws wedi'i agor i minnau gael brolio mymryn.

Ond ddaeth neb heibio'r nos Sadwrn honno nes i deulu Bodwyddog gyrraedd y buarth yn y Fford Anglia. Fy nwy fodryb, wedi fy nghyfarch i'n gynnes, yn diflannu am y tŷ fel ieir i ori. Dyna fyddai'u harfer. Ond f'ewyrth Wili yn dŵad allan o'r Ffordyn wrth ei bwysau, yn mynd ati i ail-lwytho'r cetyn bythol gynnes hwnnw â rhagor o Faco Caer, yn tanio gan bwyll a cherdded at yr ANA 109.

'Waso!' A dyna'r ebychiad – beth bynnag oedd gwreiddyn y gair – a ddefnyddiai fy nhad a'i frawd i fynegi syndod neu ryfeddod. 'Dyma be ydi car bach clyfar.' (A hwyrach y dylwn i ymdroi i egluro mai ystyr 'clyfar' ym mhen draw Llŷn, bryd hynny ac yn y cysylltiadau yna, oedd 'dymunol'.) 'Waso, clyfar sobor.'

''Sach chi'n lecio mynd am dro bach yno fo?'

'Am dro bach, ddeudist ti? Waso, baswn,' a dyna beth oedd dyn yn rhoi'i ben yng ngheg llew a gofyn gras bwyd wedyn. 'Lle 'ti'n meddwl inni fynd?'

Roedd y cyfan wedi'i ragarfaethu; canllath cwta i'r Groeslon ac yna ar ei thraws hi ac i lawr ffordd drol a arweiniai i'r Felin Isa neu fferm y Caeau. Mi fyddai'r ffordd honno, serch ei chulni, yn ddigon i mi fedru rhoi troed i lawr a dangos i f'ewyrth gyflymdra posibl yr ANA 109. Wrth imi roi 'nhroed i lawr yr aeth pethau'n ddrwg.

'Waso! Stopia'r llymbar gwirion ne' mi laddi di ni'n dau. Gnei, tawn i'n llwgu,' a'r perthi'n cau am ei glustiau "Rafa, bendith tad i ti! Waso, dyna fy het i wedi . . .'

Mae gen i ryw gof inni fynd i droi'n ôl i fuarth y Caeau. Wrth inni yrru'n bwyllog tuag adref, a phigo'r het ffansi oddi ar frigyn rhyw ddraenen neu'i gilydd, roedd f'ewyrth mewn purion hwyliau a'r car bach yn cael cyfle i gael ei wynt ato.

O orfod myfyrio am fy nghar cyntaf, i mi fedru sgwennu ysgrif amdano, fe'i cefais hi'n haws i restru'i nodweddion na disgrifio'i natur. *Chummy* oedd y ffugenw a roddodd y cwmni ar ei fath, a hynny'n ôl yn niwedd dau ddegau'r hen ganrif. Fe'i cefais yn un felly, yn gar agos atoch chi, yn un hawdd i'w anwylo – er y gallai fod yn oriog ar dro. Fel is-deitl roedd y gwneuthurwyr wedi ychwanegu'r gair *Tourer* i nodi, am wn i, amcan ei greu.

Fis Hydref y flwyddyn honno daeth i'r brifysgol ym Mangor i'm canlyn. Ond ei siomi gafodd y *Chummy* yn ystod ein dyddiau ni ym Mangor, mae'n rhaid imi gyfaddef. Roedd o, mae'n debyg, o ddeall mai myfyrwyr am y weinidogaeth a fyddai rhai o'm cymdeithion, wedi disgwyl gwell.

Fy arfer i ar bnawn Gwener oedd ei barcio tu mewn i libart y coleg, i mi gael cychwyn am hyfrydwch Penrhyn Llŷn cyn gynted ag yr oedd y ddarlith olaf wedi chwythu'i phlwc. Ond un pnawn Gwener wnâi'r llymbar ddim tanio. Er tynnu'r tsiôc i'w eithaf, a phwyso a phwyso ar y taniwr, dim ond sŵn griddfan oedd i'w glywed a'r batri chwe folt yn araf golli'i ynni. Penderfynu nad oedd dim amdani wedyn ond torchi llewys – yn llythrennol felly – a cheisio'i danio drwy droi'r handlen.

Pan oeddwn i'n troi a throi, yn troi a throi, digwyddais daflu cip, drach fy nghefn, i weld tri neu bedwar o 'ffrindiau' yn sefyll ar stepiau'r Porth Mawr ac yn gwenu fel teulu o fwncïod a oedd newydd gael dwy fanana'r un. Toc, fe ddaeth un ohonyn nhw tuag ata i, tynnu teclyn o'i boced, rhoi'i ben o dan y bonet, agor cap y dosbarthydd a gwthio'r *rotor arm* yn ôl i'w le. Dim ond prin gyffwrdd y taniwr yr oedd yn rhaid i mi ei wneud wedyn cyn bod y car bach yn troi mor esmwyth, wastad ag injan wnïo. Peth fel'na oedd dyn yn cael ei glwyfo gan ei garedigion. Ond y gwir oedd, petai'r esgid wedi bod ar y droed arall y byddwn innau yn eu plith a chyda'r pennaf o'r pechaduriaid.

Ond i aros hefo dyddiau Bangor, 'Na bu, ac ni bydd eu tebyg', chwedl Islwyn Ffowc Elis. Un bwrw Sul roedd gen i gyhoeddiad yn Rhosygwaliau a Llwyneinion ar gyrion y Bala, a Gwilym, un o'm cyd-letywyr, am ddod hefo mi'n gwmni. Un o gylch y Bala oedd Gwilym Lloyd Edwards, geiriadurwr yn nes ymlaen ac awdur yr hunangofiant *O Lethrau Cefn Gwyn*.

Yn fuan wedi inni droi o'r A5 am Gwmtirmynach a'r

Bala, a gadael Gellioedd, y bu'r ergyd; fel un o wn mawr. Ond llwyddais, fodd bynnag, i dynnu'r car o'i ddawns a'i gael i aros.

'Oedd honne'n ergyd go arw,' meddai Gwilym.

'Byrst yn un o'r teiars, beryg.'

Eto, ro'n i wedi aros ar y daith yng nghyffiniau Bethesda i roi diod i'r merlyn ac wedi dal ar y cyfle i roi gwynt ychwanegol yn y teiars. Mynd allan a chicio pob teiar yn ei dro a phob un yn llawn fel wy.

'Fan hyn ma'r drwg, yn siŵr iti', meddai Gwilym, ond o du cefn y car.

A dyna'r gwir, roedd y teiar sbâr – a grogai ar gefn car o'r fath – yn fflat fel crempog, wedi rhwygo'n ddrwg a thamaid o'i diwb yn sticio allan o'i berfedd. Do, mi gostiodd ddwbl fy nhâl Sul yn Rhosygwaliau a Llwyneinion imi gael tiwb a theiar newydd i'r 109. Eto, mae hi'n stori sy'n gymorth i mi ddal fy nhir pan fydda i'n sgwrsio hefo rhai sy'n gaeth-i-geir; un yn addoli'i Audi A8 ac arall yn dwyfoli'i Mercedes-Benz SLS-Class. Minnau'n holi, wedyn, fu gan un ohonyn nhw gar a lwyddodd i fyrstio'i deiar sbâr heb i hwnnw erioed gymaint â chusanu'r un darn o darmac? Mynd i'w cragen fyddan nhw wedyn.

O edrych yn ôl, un o'm gofidiau pennaf i ydi i mi, ymhen blwyddyn neu ddwy o'i brynu, gyfnewid y car am un arall. Ar y pryd, ro'n i o dan bwysau i wneud hynny. Y lein oedd, 'Well iti ga'l rwbath callach'. Roedd i'r car bach ei ffaeleddau, mae'n rhaid i mi gyfaddef. Doedd ei system frecio ddim yn un orddiogel. A pheth arall, doedd o erioed wedi'i fwriadu i fod yn gar i garu ynddo. Ar noson wyntog roedd o'n ddigon drafftiog i oeri pob owns o serch a diffodd fflam cariad. Ac yn ôl safonau crefydd y dydd, doedd o chwaith mo'r car i'w barcio tu allan i gapel. Ei gefnder mwy moethus, yr Austin Big Seven, a weddai i le felly. Er y byddai cybiau ifanc yn ei amgylchynu ac yn begio am gael reid ynddo.

Dyn o Lŷn, na wna i mo'i enwi rhag ofn fod rhai o'i ddisgynyddion yn dal yno – yn bysgotwyr samon allan o dymor, hwyrach – y fo a'm perswadiodd i daro bargen. Roedd ganddo Austin Seven 'callach' ac iddo bedwar drws, to cadarn, yn dawelach ei liw a dwy neu dair blynedd yn fengach na'r ANA 109. Roedd o'n amlwg yn awyddus i feddiannu'r *Chummy*. A finnau, o dan bwysau, awydd ei gyfnewid. Ond cyn pen ychydig fisoedd roedd yna gnoc afiach yn injan y car a brynwyd a chyn hir mi nogiodd yn llwyr.

'Dreifia heibio i'r camera unwaith eto. A ddim yn rhy gyflym y tro yma.'

'Reit.'

'Ac yn dy ôl wedyn.'

'*Take two.*' (Saesneg oedd yr iaith ar gyfer y ffilmio, gwaetha'r modd.) '*Camera . . . speed . . . action . . . and cue!*'

Ym Mehefin 2010 mi ges gyfle i yrru Chummy Tourer unwaith eto ar hyd cefnffyrdd troellog Penrhyn Llŷn. Ro'n i wedi cyhoeddi mewn cyfrol hanes am fynd â merch ifanc am swae yn yr ANA 109 yng ngwanwyn 1955 a'r car yn torri'i gymeriad. Wrth ddychwelyd y ferch yn ôl i'w chynefin fe aeth y gwalch yn sych o ddŵr a'i injan yn eiriasboeth. O dan amgylchiadau felly, a minnau'n barddu i gyd, y cyfarfyddais â'm rhieni yng nghyfraith am y waith gyntaf. Mae gen i frith gof i'w mam hi – un o'r rhai hawddgara'n bod – holi o dan ei gwynt, 'Ble ar y ddaear fawr y cafodd hi afael ar hwn?' Ond, chwarae teg iddi, ata i roedd hi'n cyfeirio, nid at y car. Yna, wrth ffilmio cyfres am Ben Llŷn fe benderfynwyd mai da o beth fyddai ail-greu'r sefyllfa honno.

Pan gyrhaeddais i bentref Llithfaen y bore hwnnw o Fehefin roedd yna *Chummy* o'r un cyfnod yn barod ar fy nghyfer i, yn benagored groesawus a'i baent coch yn sgleinio yn haul y bore.

'Take one, then. Camera . . . speed . . . action . . . and cue!'

Bûm yn ei yrru yn ôl a blaen am ddarn o ddiwrnod a Nan, fel yn y dyddiau gynt, yn y sedd arall. Do, fe ddaeth y wefr yn ôl, wrth i'r awel gribo'n gwalltiau ni, ceir yn rhoi lle i'r fath ryfeddod a'r fforddolion yn codi'u dwylo yn y syndod o'n gweld. Aros uwchben Nant Gwrtheyrn inni adrodd, fesul tamaid, saga'r noson 'gosod dyrnwr' honno yn ôl yn 1955. (Roedd 'gosod dyrnwr', unwaith, yn idiom ym Mhen Llŷn am ddechrau carwriaeth). Yna, yn ôl i'r car a rhagor o yrru o gwmpas y fro.

'Take ten, then. Camera . . . speed . . . action . . . and cue!' Golygfa o bell ardderchog i gamera oedd y

19

Chummy benthyg yn crafangio'n araf i fyny'r allt. Ond i'r gyrrwr, roedd delio â'r groesffordd ar ben yr allt yn stori wahanol; y brêc ddim yn dal a'r injan, wedyn, yn pallu. Ar derfyn dydd ro'n i'n ddigon parod i roi'r car yn ôl i'r gŵr a'i hadferodd ac a'i dalltai hyd at y sgriw leiaf.

Tua'r un pryd, dyma ddarganfod fod yr ANA 109 yn dal ar dir y byw – er nad oedd modd cael gwybod pwy oedd ei berchennog bellach – ac yn werth £12,000 neu ragor erbyn hyn. Byddwn, mi fyddwn i'n fwy na balch o gael cip arno, yn hapus o gael eistedd tu ôl i'w lyw a, hwyrach, ei yrru am filltir neu ddwy – ar y gwastad. Ond syrthio mewn cariad unwaith eto? Tydi'r Volkswagen Golf TDI GT yn mynd fel bom. Ddaw ddoe ddim yn ôl i mi – dim ond i'r pwrpas o lenydda neu ffilmio – ac mi fedra i gytuno ag Èdith Piaf, '*Non, je ne regrette rien.*'

ANGHARAD TOMOS

Y Lethal Weapon

Bws oedd fy nghar cyntaf. Tra oedd fy ffrindiau yn cyrraedd yr oedran hudol o ddeunaw ac yn pasio eu prawf gyrru, crwydro Cymru benbaladr oeddwn i ar y Traws Cambria. Cymaint oedd fy awydd i deithio fel nad oeddwn i byth adre i gael gwersi gyrru fel fy chwiorydd. Ro'n i'n nabod gyrwyr Crosville yn well na'm teulu fy hun.

Ond rhaid oedd cyfaddef fod teithio cyhoeddus yn andros o her. Pan gymerodd fore cyfan i mi ganfod fy ffordd i briodas ffrind yn Llanfair-yng-Nghornwy, roedd hi'n amlwg fod yn rhaid i mi wneud rhywbeth i symleiddio bywyd. Prynais foto-beic.

Roedd gen i ofn y moto-beic. Roedd o'n rhy fawr o lawer ac yn rhy bwerus. Diolch i ragluniaeth, cafodd ei ddwyn, a dyna bwysau mawr oddi ar f'ysgwyddau. Prynais foped – rhyw injan wnïo o beth oedd 'chydig yn gynt na cherdded. Wedi gyrru arno yr holl ffordd i Aberdaron ym mis Chwefror, ni fu fy nghorff erioed yr un fath, ac roedd pawb yn fy mhen eisiau i mi ddysgu gyrru car. 'Beth ydi'r broblem?' gofynnent. A'r ateb yn syml oedd na fedrwn i yn fy myw gael fy hun i ddirnad yr wyddor o yrru.

Dwi'n beio 'nhad. Am y wers yrru gyntaf, ni fyddai'r car yn symud modfedd. Mae 'nhad yn ddyn trylwyr, a chynnwys ei wers gyntaf oedd sut oedd injan car yn gweithio. Dim ond i ni ddeall hyn, a byddai'r gweddill yn gwneud synnwyr. Byddai'n dyrnu un frawddeg i'n pennau: 'Remember, you are in control of a lethal weapon'. Rhag ofn i chi ddychryn, yn Gymraeg y byddai'n fy nysgu, ond dyfynnai'r frawddeg honno yn gyson. Rhaid mai dyna frawddeg gyntaf y *Motorist's Manual* 'nôl ym 1945, debyg gen i . . .

Hyd yn oed yn yr ail wers, ni fyddai'r car yn gadael y tŷ. Byddwn yn cael dysgu tanio'r injan, ac yn mynd drwy holl symudiadau'r gêrs – y pedwar ohonynt. Wedyn, cefais y wefr o symud y car rhyw droedfedd yn ei flaen. Iechyd, ro'n i wedi hen ddiflasu. Byddai 'nhad a minnau yn ffraeo, deuai'r gwersi i ben, a byddai mis yn mynd heibio cyn ailgychwyn. Fydden ni byth yn ailgychwyn o'r lle y gorffennwyd. Rhaid oedd mynd yn ôl i'r cychwyn cyntaf un i atgoffa ein hunain. 'Remember, you are in control of a lethal weapon . . .'

Wn i ddim pam mai Dad oedd yn ein dysgu p'run

bynnag. Mam ddysgodd yrru yn gyntaf, a hynny yn ystod yr Ail Ryfel Byd. Amser da i ddysgu gyrru oedd hwnnw, achos doedd dim rhaid i chi basio prawf. Roedd yr awdurdodau mor brysur yn saethu Jyrmans fel nad oedd ganddyn nhw'r amser i sicrhau fod pobl yn gymwys i yrru ar y ffordd. Felly cafodd Mam drwydded oedd yn ei chaniatáu i yrru car ar briffyrdd y wlad, yn ogystal ag injan felin feclin.

Ond roedd 'nhad wedi pasio ei brawf wedi iddo fo ddod adre o'r fyddin, ac er bod ugain mlynedd wedi mynd heibio ers hynny, fo oedd yr athro gyrru. (Roedd ei wersi am ddim, ac roedd hyn yn hanfodol i hogan ddeunaw ddi-incwm. Erbyn y rhan hon o'r stori, ro'n i'n hogan bump ar hugain ddi-incwm.

Y drwg erbyn y cyfnod hwn o'm bywyd oedd 'mod i wedi canfod ffordd o hepgor car. Mae pobl na fedr yrru yn canfod ffordd o A i B, doed a ddelo. Roedd fy ffrindiau i gyd yn gyrru. Ro'n i'n perffeithio'r grefft o fod yn gydymaith. Roedd gen i rwydwaith o lefydd drwy Gymru benbaladr lle y gallwn aros noson (aelodau Cymdeithas yr Iaith yn ddi-ffael). Pan nad oedd neb yn mynd i'r fan a fynnwn, roedd yna fws i unrhyw le, cyn belled â 'mod i'n fodlon aros. Treuliwn ran helaeth o fy mywyd mewn arosfannau bysiau. A deuthum yn gyfarwydd efo'r ffordd yma o drampio. Prysuraf i ddweud 'mod i'n ddi-waith – neu'n awdur hunangynhaliol – sydd yr un peth i bob pwrpas. Daeth bysiau yn fan gwaith i mi. Gallwn ddarllen a sgwennu wrth deithio. Ar un o deithiau maith y Traws Cambria y sgwennais y ddrama *Sioe Rwtsh Ratsh Rala Rwdins*. Dwi'n sôn am y dyddiau cyntefig hynny cyn cyfrifiaduron. Papur a phensil fyddai gen i bob tro, ac mi weithiodd yn iawn i mi. Waeth befo pa mor daer oedd fy ffrindiau, ro'n i'n ddigon bodlon fy myd. Petai gen i silff lyfrau yng nghefn y Traws Cambria, byddai bywyd wedi bod yn berffaith.

Roedd gen i awydd un haf i fynd am wyliau i Sir Benfro. Euthum i'r swyddfa Crosville yng Nghaernarfon a holi am fysiau. Dim ond cyn belled ag Aberystwyth yr oedden nhw'n gallu fy helpu. Wedi awr neu ddwy o ffonio, dyma nhw'n dod o hyd i wasanaeth fyddai'n mynd â fi i le o'r enw Castellnewydd Emlyn. Roedd hi'n *no man's land* wedyn o'r fan honno. Fedrwn i ddim credu hyn, ac i ffwrdd â fi – i Gastellnewydd Emlyn. Ond roedd hi'n dir neb go iawn. Roedd sôn am wasanaeth bysiau'r Brodyr Davies, ond doedden nhw ddim yn mynd i'r un cyfeiriad â mi. Cerdded ddaru mi i Abergwaun, a bodio. Roedd fy nghorff wedi blino cyn cychwyn y gwyliau cerdded.

Yn bump ar hugain oed, llyncais fy malchder a gofyn i Dad a fyddai'n rhoi cynnig ar fy nysgu i yrru unwaith eto. Erbyn hyn, roedd chwaer rhif 4 yn prysur ddysgu'r grefft. Dyma eistedd tu ôl i'r llyw, ac meddai Dad, 'Yr hyn sydd raid i chi ddysgu cyn unrhyw beth arall, Angharad, ydi'r frawddeg sydd wedi glynu yn fy mhen: "Remember, you are in control of a lethal weapon".' Bûm yn ddigon call i gadw'n dawel.

Yna, fe wawriodd yr hyfryd ddydd pan gawsom fynd i Ddinas Dinlle i ymarfer gyrru! Yn fan'no, mae yna lôn mor syth â saeth, sy'n boblogaidd iawn efo dysgwyr. Ro'n i'n falchach na Lleu Llaw Gyffes. (Wel, os nad oedd hi'n fodlon rhoi arfau na gwraig i Lleu, go brin y byddai ei fam yn rhoi gwersi gyrru iddo chwaith.) Wn i ddim sawl gwaith yr aethom ar hyd y lôn syth yn Ninas Dinlle. I fyny ac i lawr, 'nôl a mlaen. Gallwn fod wedi ei gyrru â'm llygaid ar gau. Yn y diwedd, gwelodd fy nhad mai da iawn ydoedd, a dyma symud i fyny ris. Ro'n i'n barod ar gyfer *reversing round a corner.* Roedden ni'n cael gadael Dinas Dinlle a mynd i Stad Ddiwydiannol Cibyn yng Nghaernarfon. Roedd 'na beth wmbredd o gorneli yn fan'no.

Ddysgais i 'rioed y grefft o facio rownd cornel. Gwrthodai pen ôl y car symud i'r fan lle y dymunwn iddo fynd. 'Beth ydi'r broblem?' holai Dad, wedi cyrraedd pen ei dennyn. Rhaid ei fod o'n brofiad rhwystredig i weld rhywun yn methu gwneud rhywbeth a oedd mor eglur â'r dydd iddo fo. Aeth hi'n ddadl wrth gwrs, ac adre â ni. Digiais yn bwt.

O fewn blwyddyn, ro'n i wedi dod at fy nghoed, a llyncais fy malchder a gofyn yn neis i Dad a fyddai fo'n ailgydio yn y gwersi gyrru. Roedd hi'n adeg o lawenydd mawr yn ein tŷ ni. Roedd chwaer rhif 5 wedi pasio ei phrawf. (Yn amlwg, doedd dim byd yn bod ar yr athro.) Beth oedd yn bod ar Angharad? Doedd hi'n methu canfod gŵr, a doedd hi'n methu gyrru car. Roedd pobl yn dechrau fy nhrin fel rhywun simpil.

Rhyfedd fel mae cymdeithas yn ymateb i chi os ydach chi'n methu meistroli'r pethau sydd yn bwysig yn ei golwg hi . . .

Trwy rhyw drugaredd, cawsom hepgor y wers gyntaf, a 'nôl â ni i Ddinas Dinlle yn y *lethal weapon*. Teflais fy hun i'r dasg o ddysgu gyrru. Llwyddais i yrru ar hyd y lôn syth efo'm llygaid ar gau. Trois gorneli yn Stad Cibyn (ddim yn dda iawn), ond roedd o'n gwneud y tro. Dysgais Reolau'r Ffordd Fawr ar fy nghof, a chyrhaeddodd diwrnod y prawf. Roedd fy chwiorydd i gyd wedi pasio drwy gymryd y prawf ym Mhwllheli. Mewn tref mor fflat, doedd *hill start* ddim yn anodd o gwbl. Mae'n ddrwg gen i ddweud i mi fethu'r prawf. Sôn am siom. Cefais sawl siom enbyd yn fy mywyd, ond rhaid mai honno oedd un o'r rhai gwaethaf. I wneud pethau'n waeth, mi ges i dystysgrif. Mae'n dal gen i – *Certificate of Failure* – fedrwch chi ddychmygu rhywbeth mwy diwerth? Fel taswn i'n anghofio'r fath beth. Ddaru mi ddim hyd yn oed trafferthu gofyn am fersiwn Gymraeg ohoni.

Rwy'n amau 'mod i'n gwybod pam y methais y prawf. Parodd un cwestiwn dramgwydd mawr i mi. 'Beth ydi'r peth olaf wnewch chi cyn gadael y car?' oedd y cwestiwn, a chynigiais gant a mil o atebion. 'Sicrhau fod yr injan wedi diffodd? Chwilio am oriadau'r tŷ? Edrych ar fy oriawr?' Tuchan ddaru'r instryctyr. Gofynnodd y cwestiwn am y tro olaf. Methais ateb. Yr ateb (perffaith amlwg) oedd edrych yn y drych i weld a oedd rhywun yn dod, cyn agor y drws. Hen golyn cas. Ond fydda i byth, byth, *byth* yn agor drws y car heb edrych yn y drych yn gyntaf. Seriwyd y wers ar fy nghof.

Diwedd hapus sydd i'r stori. Dyma fi'n cymryd fy mhrawf unwaith eto – a llwyddo! Ro'n i'n gymwys i yrru. Tridiau cyn fy mhen-blwydd yn saith ar hugain, cefais gar. Deng mlynedd ar ei hôl hi, ond ro'n i wedi llwyddo. Sut gar oedd o? Un glas – tipyn bach fel car rasio. Y rhif? TCC 569T. Garej Eurwyn ffendiodd o i mi. Roedd Garej Eurwyn yn lle unigryw yn Chatham, Llandwrog, dafliad record o Gwmni Sain. Dyna'r unig garej ynghanol y wlad y gwn amdani sydd â mwy o ieir ar yr iard na cheir.

Pa fath o gar oedd o? Does gen i ddim clem. Mae gen i lun ohono yn rhywle. Ia, dyma fo – un glas efo streipen arno. Be di'r ots pa fath o gar oedd o? Roedd

ganddo bedair olwyn, ac roedd o'n mynd. Roedd o'n gynhesach na moto-beic, ac yn fwy handi na bws. Dyna'r unig beth oedd yn cyfrif. Dwi'n cofio'r *mileage* gyda llaw – 60,000 o filltiroedd. (Roedd o'n rhad, rhaid cyfaddef). Cofiaf eistedd yn y car bach newydd, a meddwl lle y bu am 60,000 o filltiroedd. Ar fy nhaith gyntaf, gyrrais yr holl ffordd i Gaerdydd. Bellach, doedd dim rhaid i mi aros noson, ond mi wnes.

Ar fy ffordd adre, stopiais yng nghanolfan siopa'r Quadrant yn Abertawe. Roedd gen i hanner awr wrth gefn. Ni fyddai cyfle i stopio eto nes cyrhaeddwn Gaerfyrddin. Yn Aberystwyth, byddai'r gyrrwr yn newid. Ac yna gwawriodd arnaf. Doeddwn i ddim mewn bws! Doedd dim rhaid i mi lynu wrth amserlen y Traws Cambria! Ro'n i'n feistr ar fy nhynged fy hun. Teimlais raffau'r duwiau yn llacio. Ro'n i'n gallu rheoli fy mynd a dod fy hun ar y tipyn daear 'ma. Dyna un teimlad perlewygol sydd wedi aros gyda mi. Gallaf ei ail- fyw hyd heddiw.

O fendigedig ddydd! O ryddid diderfyn! Wedi i mi gael y car bach cyntaf hwnnw, ni fu stop arna' i. Os ro'n i'n teithio tipyn go lew cynt, ro'n i'n teithio ddwywaith, deirgwaith yn fwy bellach. Ac ro'n i wrth fy modd yn gyrru. Mae brawddegau cychwynnol fy nofel *Si Hei Lwli* yn cyfleu hynny'n well na dim . . .

*Mae'r nodwydd wedi mynd heibio chwe deg . . .
saith deg . . . saith deg pump . . . wyth deg . . . Mae'r
byd yn rhuthro heibio ar gyflymder o wyth deg
pum milltir yr awr. Mae'r haul yn boeth, mae'n
haf, ac rydyn ni'n dwy allan i fwynhau ein hunain.
Wrth fy ochr, teimlaf wres corff Bigw, ei gwallt
gwinau yn llifo'n donnau dros ei 'sgwyddau, ei
chorff ifanc fel f'un innau yn eiddgar am gynnwrf,
am syndod, am wefr yr annisgwyl.*

*Penrhyddid cyflymder – does dim byd tebyg iddo
fo. Rydw i'n credu fod dyn yn cael ei eni
ddwywaith. Un waith pan ddaw o allan o groth ei
fam, a'r eilwaith pan mae o'n pasio ei brawf gyrru.
Daw profiadau cyffedin o ddydd i ddydd ar
gyflymder cyffedin. Daw'r profiadau eithaf ar y
cyflymder eithaf.*

*Whî!!! Dyma'r bywyd! Gyda'r miwsig yn llenwi
'nglustiau, mae'r cyfan yn cyrraedd crescendo
hyfryd wrth i'r ffordd ymagor o'm blaen.*

Rhydd wyf . . .

SIÂN THOMAS

Yr Anfarwol Triumph Herald

Dwi'n licio ceir, ac yn dwlu ar weld, a gyrru car neis. Bues i'n ffodus iawn, rai blynyddoedd yn ôl, i gael cyflwyno cyfresi ceir o'r enw *Ar y Ffordd* i S4C, a roddodd y cyfle i mi yrru peiriannau drudfawr, moethus yn ogystal â chlasuron y gorffennol. Serch hynny, dwi ddim yn un o'r bobl hynny sy'n gorfod gyrru rhywbeth crand sy'n symbol statws. I fi, mae'n beiriant hynod ddefnyddiol, bron yn amhosib byw hebddo, sy'n fy nghludo o le i le yn gyfforddus, ac nad yw, gobeithio, yn cael gormod o byliau o fynnu tâl cynnal a chadw am wneud ei waith. Os yw e'n mynd, a hynny'n ddidrafferth, ma' fe'n siwtio fi i'r dim. Dwi ddim yn rhoi personoliaeth i gar, a dwi erioed wedi rhoi enw ar gar chwaith, er rhaid cyfaddef i mi deimlo'n ddigon emosiynol wrth ffarwelio ag ambell hen ffrind pedair olwyn sy' wedi gwneud mwy na'i siâr o gario a chludo. Ar ôl dweud hynny, dwi yn teimlo bod gan ambell gar ei bersonoliaeth ei hun, ac ma' gan bob un ei arogl a'i sŵn ei hun hefyd.

Dros y blynyddoedd dwi wedi gyrru mwy nag un Volkswagen a Renault, ac ambell Fercedes – ac mae'r mwyafrif yn toddi i mewn i'w gilydd, fel petai, o ran bod yn gofiadwy. Ond, fel nifer o bethe eraill ma' rhywun yn eu gwneud am y tro cyntaf, mae'r car cyntaf i mi fod yn berchen arno yn agos iawn at fy nghalon, ac yn dal i godi gwên pan dwi'n cofio'r amseroedd da y cawson ni gyda'n gilydd. Roedd yn berthynas go sbesial a hynny am fwy nag un rheswm.

Triumph Herald 1360 oedd y car cyntaf i mi fod yn berchen arno – un Asia Blue, dau ddrws, gyda dashfwrdd hyfryd o goed wedi'u polisio nes bod modd i chi weld eich wyneb ynddo. Roedd yr offer a'r clociau cyflymdra ac ati i gyd mewn cylchoedd bach twt gyda *chrome* yn eu hamgylchynu, ac roedd dolenni *chrome* sgleiniog yn agor y drysau a'r ffenestri. Roedd y seddau tu fewn yn las hefyd – rhai *leatherette* gyda rhychau dwfn a wnâi'r seddau yn hynod gyfforddus, heblaw ar ddiwrnod twym pan fyddai coesau rhywun mewn sgert fini (nawr dwi'n dangos fy oedran!) yn sticio i'r sedd ac yn gadael streipiau hyll ar gefn eich coesau! O'dd e'n gar pert. Y siâp tu fa's yn anghyffredin, gyda dwy adain fach yn y cefn yn dal y goleuadau. Dwi'n cofio'r rhif cofrestru o hyd (sy'n fwy nag y gallaf ddweud am fy nghar presennol). Mi ddaeth i 'ngofal i pan o'n i'n un ar hugain oed. Bues i'n hwyr iawn yn dysgu dreifio. O'dd dim angen car ar fyfyriwr ym Mhrifysgol Abertawe – roedd popeth yn gyfleus ac o fewn pellter cerdded, ac o'dd Dad, chware teg, yn ddigon parod i fod yn *chauffeur* pan oedd galw am hynny yn ystod y gwyliau. Ar ôl gadael y brifysgol, doedd teithio o le i le ddim mor rhwydd – roedd Ystalyfera ym mhen ucha'r cwm, a bysiau yn ddigon chwit-chwat. Roedd isie car, felly.

Roedd Dad wedi prynu'r Triumph yn newydd sbon, ac fel y gallwch ddychmygu, am ei fod yn weinidog, roedd wedi llwyddo i ychwanegu miloedd lawer o filltiroedd at y cloc dros gyfnod o flynyddoedd, wrth ymweld ag aelodau a mynd o gwmpas ei waith bob dydd yn bugeilio. Pan benderfynodd gael car arall, mi gadwodd ei afael yn y Triumph, a bu'n segur mewn garej un o'r cymdogion am rai blynyddoedd. Yn anffodus, cafodd Dad ddamwain gas yn y car newydd, a chan nad oedd modd trwsio hwnnw, mi ddaeth yr hen Driumph bach i achub y dydd a'n cludo eto fel teulu, nes i ni safio digon o arian i gael car arall. Pan ddigwyddodd hynny, mi ddes i a'r Triumph yn ffrindiau. Roeddwn i wedi cwpla yn y coleg a heb gael swydd lawn amser, felly roedd arian yn brin. Er mwyn teithio o gwmpas i ennill rhywfaint o gyflog, roedd angen car, felly mi roddodd Dad y Triumph bach i fi.

Ro'n i'n dwlu arno fe! Rhyddid go iawn i fynd ble ro'n i'n moyn ac i ddod adre pan o'n i'n moyn. O'dd dim angen dibynnu ar Dad na ffrindiau am lifft ac roedd modd wfftio'r bysiau anwadal hefyd. Roeddwn i'n annibynnol ac roedd y byd yn ymestyn yn braf o 'mlaen i.

Mi aeth y car bach â fi droeon 'dros y Mynydd Du o Frynaman' i Langadog, lle yr oeddwn yn ennill tipyn o arian yn canu'n achlysurol yn nosweithiau'r 'Hwyrnos' ym Mhlas Glansefin. Bob nos Wener, mi aeth â fi i orsaf radio Sain Abertawe i wneud fy rhaglen radio wythnosol. Yn ogystal â hynny, aethon ni am dripiau siopa i Abertawe, a chant a mil o dripiau achlysurol eraill. Roedd yn ddefnyddiol iawn i Mam hefyd. Nid oedd hi erioed wedi dysgu dreifio, ac os oedd Dad mewn angladd neu ynghanol rhyw waith capel arall, roedd y ffaith bod gen i'r car bach yn golygu bod Mam yn gallu cael lifft i bob math o lefydd hefyd, heb orfod dibynnu ar Dad bob amser. Roedd yn gyfnod grêt, ac mi ddaeth y car bach a finnau'n ffrindiau mynwesol. Roedd y Triumph bach wedi cael bywyd newydd, a hynny wedi blynyddoedd lawer o wasanaeth fel car i weinidog. Roedd y cerbyd hwn wedi byw bywyd hynod ddiddorol yn barod, a phe byddai'r car bach wedi gallu siarad, byddai ei stori wedi llenwi cyfrolau.

Mi soniais eisoes bod Dad wedi prynu'r car yn newydd sbon. Wel, am y misoedd cyntaf, mi gafodd ei faldodi fel babi. Byddai Dad yn ei roi yn y garej bob nos, yn sychu'r glaw oddi arno ac yn rhoi hen flanced drosto i gadw'r llwch bant. Wrth i fywyd Dad brysuro, mi gafodd y car lai a llai o sylw, ac mi dreuliodd y rhan fwyaf o'i fywyd segur, nid yn y garej o dan flanced, ond ar y stryd tu fa's i'r tŷ – am ei bod yn gyfleus i neidio i mewn iddo ar fyr rybudd. Ar ôl dweud hynny, mi gafodd ofal mawr – bàth cyson gyda llaw a dŵr twym, a hwfrad bob hyn a hyn i'w gadw'n lân.

Roedd Capel y Wern, Ystalyfera – capel Dad – yn gapel llewyrchus, a thros gant o blant yn mynychu'r ysgol Sul. I gerdded yno, roedd y capel o fewn rhyw ddeng munud o'r mans, a chan ein bod ni fel teulu yn gadael pethe tan y funud olaf yn aml, byddai'n haws mynd i'r cwrdd yn y car yn hytrach na rhuthro yno ar droed. Roedd yr ysgol Sul am ddau'r pnawn, ac er bod gan rieni'r mwyafrif o'r plant fyddai'n byw yn ein hymyl ni geir, byddai'r plant yn tyrru i'n tŷ ni er mwyn cael lifft yn y car gyda Dad. O ganlyniad, byddai'r car yn orlawn – y plant mwya' yn y sedd gefn yn gyntaf, a'r plant llai yn eistedd yng nghôl y rheini, a'r pethe lleia' yn stwffio ar ben y rheini eto. Mam yn y sedd flaen gyda dau neu dri arall yn ei chôl hithau, a fi a'n ffrindiau, yn amlach na pheidio, yn cerdded i'r ysgol Sul oherwydd prinder lle yn y car. Byddai pobl rheolau iechyd a diogelwch heddiw wedi cael modd i fyw pe bydden nhw wedi gweld faint o blant a oedd yn y car.

Roedd Dad wastad yn stopio i roi lifft i bobl y pentref hefyd. Un tro, mi roddodd lifft i wraig go sylweddol ei maint ac mi eisteddodd honno'n drwm ar y sedd flaen, gan roi ei basged siopa yn ei chôl. Mi ddwedodd Dad wrthi am roi'r siopa yn y sedd gefn, ond ei hateb oedd, 'Mae'n ddigon bo' chi'n rhoi lifft i fi, Mr Thomas!' Wrth iddi eistedd mi glywodd Dad sŵn rhywbeth yn clicio, ond anghofiodd amdano a gyrru'r wraig adre.

Y diwrnod wedyn roedd Mam yn eistedd yn sedd flaen y car, ar ei ffordd adre o siopa. I'r rheini ohonoch chi sy'n anghyfarwydd â daearyddiaeth Ystalyfera, ma' dau dyle serth iawn bob ochr i'r pentref. Roedd ein stryd ni ryw hanner ffordd lan tyle Allt-y-grug, ac wrth i'r car ddechrau dringo, mi aeth Mam a'r sedd am yn ôl, gan adael Mam yn

Siân, wrth ei bodd yn gyrru'r Triumph Herald

ddiseremoni ar ei chefn, gyda'i thraed yn yr awyr! Bryd hynny mewn ceir dau ddrws, dim ond dau *hinge* oedd yn dal y sedd flaen yn sownd wrth y llawr, ac er mwyn cyrraedd y sedd gefn, roedd y sedd flaen gyfan yn plygu drosodd. Heddiw, mae gwaelod y sedd yn sownd wrth y llawr a dim ond y cefn sy'n plygu drosodd. Roedd y wraig sylweddol a'i siopa wedi torri'r ddau *hinge* a oedd yn cadw'r sedd flaen yn sownd wrth y llawr ac o ganlyniad i hyn, pan aeth y car lan y tyle, mi aeth Mam a'r sedd am yn ôl! Cafodd y car drip go sydyn i'r garej am *hinges* newydd cyn i rywun arall gael lifft yn y car! Ceson ni lot o sbri yn dychmygu beth fyddai wedi digwydd pe byddai Dad wedi rhoi lifft i un o'r cymdogion yn hytrach na Mam – am embaras!

Wrth i'r car heneiddio, mi gafodd fwy na'i siâr o anafiadau bach. Roedd dwy follt o *chrome* yn dal y bonet yn sownd wrth gorff y car, ond wrth iddo heneiddio daeth y rhain yn rhydd, a phan fyddai'r car yn mynd dros ddarn anwastad o'r ffordd byddai'r bonet yn codi, a rhaid oedd stopio'r car er mwyn rhoi'r cloeon yn ôl yn eu lle. Roedd yn jobyn hawdd iawn, ond roedd fel petai'r car yn dewis y nosweithiau mwya' gwlyb i gael pwl, ac o'dd gorfod dod ma's o'r car dair neu bedair gwaith mewn un siwrne i osod cloeon y bonet yn eu hôl yn ddigon i brofi amynedd sant.

Er bod dolenni *chrome* y drws yn edrych yn dda, doedden nhw ddim y pethe cryfa'. Roedd dolen ochr y gyrrwr yn eitha' solet ond roedd yr un ar ochr y teithiwr yn llacio'n gyson, nes o'r diwedd mi ddaeth yn rhydd o'r drws yn gyfan gwbl! Wrth feddwl o ddifri am hyn, efallai nad oedd bai ar y ddolen o gwbl – efallai taw'r cannoedd o deithwyr a oedd yn cael lifft yn y car a oedd yn gyfrifol am y gwendid! Roedden ni fel teulu yn deall y ddolen i'r dim – yn ei stwffio hi yn ôl i'r twll a byddai hi'n gweithio'n iawn – ond roedd wyneb ambell un a gafodd lifft yn bictiwr pan fyddai'r ddolen yn dod bant yn eu dwylo! 'O, mae'n ddrwg gen i, Mr Thomas. Fi wedi torri'ch car chi!' fyddai'r geiriau o ymddiheuriad bob tro!

Dwi wedi sôn eisoes fod Dad yn dacsi da pan ro'n i yn yr ysgol, yn enwedig ar ddyddiau pan fyddai 'na wersi coginio, a byddai 'na lot o bethe i'w cario i'r wers. Un diwrnod, roeddwn yn gwneud pwdin crand ac yn ei weini â hufen dwbl. Ar ddiwedd y dydd daeth Dad i nôl fy ffrind a finnau, gan roi'r basgedi coginio ar sedd gefn y car. Diolch eto i dyle serth Ystalyfera, mi dipiodd yr hufen dwbl a rhedeg ma's trwy waelod y fasged a dros y sedd gefn, gan redeg i lawr y rhychau yn y *leatherette*! Am lanast! Er mwyn glanhau'r cyfan roedd yn rhaid tynnu'r sedd gefn ma's a mopio'r hufen a oedd wedi rhedeg i bob cornel o'r car gan gynnwys, hyd yn oed, y gist yn y cefn. Doedd dim modd gadael diferyn o'r hufen ar ôl neu byddai'r car yn drewi am fisoedd.

Ar ôl blynyddoedd o waith caled yn gwasanaethu gweinidog Capel y Wern, mi ddaeth y Triumph Herald i nwylo i ac os oedd Dad wedi cael gwerth ei arian o'r car, yna roedd blwyddyn o weithio i fi yn hoelen ola' yn arch yr hen gar bach. Roedd cyfle nawr i ddangos taw fi oedd biau'r car a'r peth cyntaf i'w wneud, wrth gwrs, oedd gosod sticeri ar y ffenest ôl – draig goch ac amrywiaeth o fflagiau bach oedd yn *souvenirs* o deithiau aml y car – o Longleat gyda'r llewod i fathodyn hyrwyddo'r Steddfod Genedlaethol y flwyddyn honno. O'dd y seddau *leatherette* wedi gadael eu hôl unwaith yn ormod ar fy nghoesau noeth, felly dyma orchuddio sedd y gyrrwr gyda ffwr ffug llwyd – un ffasiynol tu hwnt ond a oedd hefyd, yn ei ffordd ei hun, yn gadael ei ôl ac a olygai bod eich pen-ôl yn fflwff i gyd ar ôl gyrru am dipyn. Yn goron ar y cyfan, yn hongian yn wên i gyd o'r drych gweld sha 'nôl wrth lygaid y gyrrwr, Mistar Urdd yn ei goch gwyn a gwyrdd.

Roedd caead y bonet erioed wedi 'mhoeni i o'r blaen – pan fydden ni'n teithio fel teulu, fydden ni fel arfer yn eistedd yn y sedd gefn, felly Dad fyddai'n gorfod mynd ma's i'r glaw i'w gau. Nawr, fi oedd yn gorfod gwlychu, a bûm yn melltithio droeon, wrth drio cadw'r *curly perm* rhag mynd yn *frizz* yn y glaw!

Serch hynny, roedd y car bach yn werth y byd, ac mi gawson ni fisoedd lawer yn cyd-deithio o le i le. Mi gyrhaeddon ni gerrig milltir. Gyda'n gilydd, mi welson ni'r cloc milltiroedd yn cyrraedd y pen ac yn ailddechrau o'r newydd – tipyn o gamp i gar a oedd wedi cael bywyd anodd, ac o'n ni gyda'n gilydd ar ein siwrne ola' pan benderfynodd y Triumph taw digon oedd digon.

Roeddwn yn gyrru adre, gyda'r nos, ac wedi stopio wrth oleuadau traffig. Pan drodd y golau'n wyrdd, mi dries roi'r car mewn gêr ond mi ddiflannodd y ffon newid gêr trwy dwll yn y llawr a dim ond y bwlyn yn unig i'w weld ar lawr y car. Rywsut rywfodd mi lwyddais i ddod o hyd i'r gêrs a gyrru adre'n araf, yn dal y ffon rhag syrthio drwy'r llawr unwaith eto. Mi barciais tu fa's i'r tŷ, a throi'r car bant am y tro ola'. Fel rhod Melin Tre-fin, yr oedd 'wedi rhoi ei holaf dro'. Mi feddylion ni am drwsio'r car ond byddai'r gwaith yn rhy gostus ac erbyn hyn, roedd Mam a Dad yn poeni amdana i'n dreifio car a oedd yn cwympo'n bisys. Fe gynigiwyd £20 i ni am y car mewn sgrap ond doedd yr un ohonon ni am ei weld yn mynd i gael ei wasgu'n ddim, yn enwedig ar ôl iddo wneud ei waith mor dda dros flynyddoedd lawer. Mi glywson ni am fachgen ifanc yn y pentref nesa' a oedd hefyd yn berchen ar Triumph Herald 1360, ac yn chwilio am bartiau. Rhoion ni'r car iddo fe, gan obeithio y byddai rhannau ohono o ddefnydd iddo.

Bu'n wag iawn o flaen y tŷ heb yr Herald. Roedd car newydd Dad a 'nghar newydd innau'n neis ond yn ddiflas o'u cymharu â'r Herald, ond buon ni'n cysuro'n hunain bod darnau o'r 1360 yn dal yn fyw yn rhywle. Dychmygwch ein sioc rai misoedd wedyn pan welon ni'r car bach yn cael ei yrru o gwmpas pen ucha'r cwm, gyda'r crwtyn ifanc tu ôl i'r olwyn! Roedd ein car ni mewn gwell cyflwr na'i gar e, felly mi roddodd bartiau ei Herald e i mewn i'n Herald ni, ac mi roddodd fywyd newydd eto i'r hen gar bach. Os oes gan gath saith bywyd, yna efallai fod gan ambell gar fywydau di-ri' hefyd.

Wn i ddim beth ddigwyddodd i'r Triumph Herald wedi hynny – Duw yn unig a ŵyr. Dwi'n ymweld â phen ucha Cwmtawe o hyd, a rhaid cyfaddef fy mod yn chwilio'n obeithiol am yr EEU 63F Asia Blue. Synnwn i ddim os yw e'n dal o gwmpas ac erbyn hyn fod ganddo lu o straeon difyr eto i'w hadrodd. Oedd, mi roedd yn gar sbesial – yn anfarwol, yng ngwir ystyr y gair, a dwi'n falch iawn o allu dweud 'mod i wedi chware rhan fechan iawn yn hanes ei fywyd e.

ELERI HUWS

Y Gwalch Gwyrdd

Roedd perchennog y garej wedi'n gweld ni'n dod, mae'n rhaid. Pâr ifanc, diniwed yr olwg, yn chwilio am eu car cyntaf, a £300 yn llosgi twll yn eu pocedi.

'Triumph Herald faswn i'n lecio'i gael,' medda Fo rhyw ddiwrnod, pan oedden ni'n trafod y posibilrwydd o brynu car. 'Mae o'n ddibynadwy iawn, yn ôl pob sôn.'

Felly, pan welson ni hysbyseb am un yn y papur lleol, i ffwrdd â ni yng nghar fy nhad i garej ym mhentref Bagillt, ger Treffynnon. Yn anffodus, erbyn i ni gyrraedd yno, roedd y Triumph Herald eisoes wedi mynd – ond roedd perchennog y garej yn benderfynol o werthu rhywbeth i ni!

'Mae hwn yn gar bach da,' meddai, gan bwyntio at

Hillman Imp gwyrdd yng nghornel bella'r cwrt. 'Jest be dach chi isio.'

'Ond mi ddeudodd ffrind wrtha i fod injan yr Imp yn tueddu i orboethi wrth ddringo elltydd . . .' mentrodd O, braidd yn betrus.

'Twt lol!' atebodd y perchennog. 'Mae o'n gar bach da – y *latest thing*, efo'r injan yn y cefn a'r bŵt yn y blaen. Dowch, mi a' i â chi am reid i chi gael gweld pa mor handi ydy o . . .'

Ac fel yna'n union, ar ôl taith yn para ychydig funudau, y penderfynodd y ddau ohonon ni y byddai'r Imp yn gwneud y tro yn tsiampion. Biti na fasan ni wedi meddwl edrych mewn geiriadur i weld ystyr y gair Imp, sef 'gwalch, dihiryn; *scamp, rascal . . .*'

Gwanwyn 1968 oedd hi, y Fo hanner ffordd drwy gyfnod o ddwy flynedd mewn gwahanol leoliadau yn magu profiad ym maes llyfrgellyddiaeth, a minnau ar fin sefyll fy arholiadau gradd ym Mangor.

Roedd yr Eisteddfod Genedlaethol i'w chynnal yn y Barri ymhen ychydig wythnosau, a'r ddau ohonon ni'n awyddus i fynd yno. Fel oedd yr arfer ar y pryd, trefnwyd i aros mewn ysgolion lleol – doedd mo'r fath beth â hanci-panci Eisteddfodol bryd hynny, cofiwch! Roedd dynion a merched ifanc yn cael eu cadw ar wahân, yn cysgu mewn stafelloedd dosbarth digysur ar welyau gwersylla cul, anghyfforddus, ac yn gorfod ciwio i ymolchi mewn dŵr oer yn sincs yr ysgol. Doedd y term *en suite* heb gael ei fathu, hyd yn oed!

Er mwyn gwneud rhyw waith yn y coleg, bu'n rhaid

teithio o'r Wyddgrug i'r Barri drwy Aberystwyth, a bu raid cael sawl stop i oeri'r injan cyn cyrraedd y fan honno. I ffwrdd â ni wedyn drwy Lambed a Chwmann, ond wrth agosáu at Dafarn Jem dechreuodd cymylau o stêm godi'n fygythiol o dan y bonet. Erbyn i'r Gwalch oeri a thorri'i syched, roedd hi'n nosi erbyn i ni gyrraedd y Barri!

Treuliwyd ychydig ddyddiau pleserus iawn yn yr eisteddfod, a'r Gwalch yn handi i'n cludo ni a'n ffrindiau o'r naill le i'r llall. Ond pharodd y pleser ddim yn hir, oherwydd ar y dydd Mawrth dechreuodd duchan a griddfan hyd yn oed yn fwy nag arfer wrth ddringo rhiwiau serth yr ardal. Yn sydyn, daeth i stop yn llwyr – a bu raid ymuno â'r AA ar faes yr eisteddfod er mwyn trefnu i dowio'r Gwalch i'r garej agosaf. Ac yno y cawsom y newyddion drwg – roedd angen clytsh newydd, a hwnnw'n costio crocbris.

Doedd fawr o hwyl arnon ni weddill yr wythnos – dim car, dim arian, a bil anferth yn aros amdanom ar y nos Wener. Dau o rai pur benisel, felly, gychwynnodd am adre ar y pnawn Sadwrn, yn croesi'n bysedd y bydden ni'n cyrraedd yr Wyddgrug heb ragor o ffwdan. Ond erbyn iddi ddechrau nosi, a ninnau ddim ond wedi cyrraedd Bannau Brycheiniog, roedd y Gwalch yn nogio ac yn bygwth berwi drosodd.

'Pam na wnawn ni wersylla yn y car dros nos?' awgrymodd O.

'Be ddeudith Mam?' holais yn betrusgar, a minnau'n un ar hugain oed, cofiwch!

'Duwcs, mi ffoniwn ni o giosg a deud 'yn bod ni'n aros efo ffrindia coleg,' oedd ei ateb parod.

A dyna fy mhrofiad cyntaf – ac olaf! – o gysgu mewn car, a hynny dan y sêr yn nhawelwch y Bannau ar noson hyfryd o haf . . .

Ond cawsom ein deffro'n ddisymwth ar doriad gwawr gan sŵn aflafar o'r tu allan, a'r Gwalch bach yn ysgwyd yn frawychus. Syllai sawl pâr o lygaid mawr i mewn arnon ni, a rhesi o ddannedd melyn yn crechwenu'n fygythiol. Diolch byth, dim ond y merlod mynydd gwyllt oedd wedi dod draw i fusnesu, a dweud 'Bore da'!

O fis Medi tan y Nadolig, cafodd y Gwalch amser prysur yn ei gario Fo'n ôl ac ymlaen bron bob penwythnos i Brifysgol Caerefrog. Gwell i mi beidio ag ymhelaethu ar yr adeg y methodd y brêcs wrth iddo Fo yrru'n ôl dros fynyddoedd y Penwynion, yn y cyfnod cyn adeiladu'r M62. Ond petai 'na unrhyw drafnidiaeth arall wedi digwydd bod ar y ffordd yn oriau mân y bore hwnnw, mi fyddai gweddill fy mywyd wedi bod yn wahanol iawn . . .

Gan mai ym Manceinion, ac yna Lerpwl, y treuliodd O y ddau gyfnod nesaf o brofiad gwaith, roedd yn haws iddo deithio ar y trên a'r bws a gadael y Gwalch yn fy ngofal tyner i! Roedd yn ddefnyddiol iawn ar ddechrau 1969 wrth i mi deithio i Ysgol Terrig, Treuddyn, ar gyfer tymor o ymarfer dysgu – tan iddi ddechrau bwrw eira'n drwm! Fel y gallech ddychmygu, doedd y Gwalch, yr eira, a'r rhiwiau serth rhwng yr

Wyddgrug a Threuddyn, ddim yn gyfuniad da; o'r herwydd, penderfynodd yr is-brifathro y byddai'n well i Miss Williams deithio efo fo i'r ysgol bob bore os oedd hi am gyrraedd mewn pryd – ac mewn un darn!

A ninnau wedi trefnu i briodi ddydd Sadwrn 16 Awst 1969, y Gwalch gafodd y gair olaf ynghylch ble i dreulio'n mis mêl. Ro'n i wedi rhoi fy mryd ar fynd i Gernyw, ond bu'n rhaid anghofio'r syniad hwnnw gan sylweddoli nad oedd gobaith mul y byddem yn gallu teithio'n ôl ac ymlaen heb i ryw drychineb mecanyddol ddigwydd! Dyna'r prif reswm pam, felly, y penderfynon ni fynd i Ostend, o bobman dan haul –

nid yn unig roedd yn rhad, ond roedd gobaith y bydden ni'n llwyddo i deithio'n ôl ac ymlaen yn ddidramgwydd i ddal awyren o faes awyr Manceinion!

Y noson cyn y briodas, roedd O wedi gofalu cuddio'r Gwalch – a'n bagiau ni yn y bŵt – yn ddiogel mewn garej yn perthyn i ffrindiau yn y pentref. Y gobaith oedd y byddai hynny'n rhwystro rhai o'r gwesteion mwy mentrus rhag dod o hyd iddo, a'i racsio . . . ond doedden ni ddim wedi sylweddoli pa mor slei a dyfeisgar y gallai un neu ddau o'r gwesteion fod (gyda chymorth parod fy nhad, mae'n debyg), yn cynnwys un sydd bellach yn Arglwydd adnabyddus!

A ninnau wedi newid o'n dillad priodas ac yn barod i gychwyn am Fanceinion (roedd hyn yn y cyfnod cyn bod priodasau'n para hyd berfeddion nos!), aethom i nôl y Gwalch o'i guddfan – ond doedd dim golwg ohono yn unman! Yn y diwedd, daethpwyd o hyd iddo ryw chwarter milltir i ffwrdd; safai'n ddiymgeledd ar ganol cae pêl-droed y pentref, ar ôl cael ei wthio'n ddiseremoni yno gan ein 'ffrindiau' annwyl! Yn fwy na hynny, roedd y corff wedi'i addurno â geiriau anweddus mewn minlliw llachar, a hen duniau gwag yn hongian ar y bympar gerfydd darnau o linyn.

Yn nes ymlaen yr wythnos honno, daeth yn amlwg fod ein 'ffrindiau' hefyd wedi llwyddo i ddod o hyd i gyfeiriad ein gwesty yn Ostend, oherwydd cyrhaeddodd sawl cerdyn post yno, ac englyn gwreiddiol (o waith bardd-lyfrgellydd hynod barchus) ar bob un! Yn fy niniweidrwydd, do'n i ddim hyd yn oed yn gwybod ystyr nifer o'r geiriau yn yr englynion – a da hynny, o bosib!

Y bwriad gwreiddiol oedd y byddem, ddechrau mis Medi, yn symud i Dal-y-bont, Ceredigion, i ddechrau ein bywyd priodasol mewn bwthyn ar rent. Ond chwalwyd ein cynlluniau gan ryw weinyddwr calon-galed oedd wedi penderfynu y byddai'n rhaid iddo Fo gwblhau mis arall o brofiad gwaith. A dyna pam yr aeth y Gwalch a minnau'n ôl at Mam a Dad, a Fo'n dychwelyd i Newcastle ar y trên!

Gan fod tipyn o waith cymhennu i'w wneud ar y bwthyn yn Nhal-y-bont, bachodd Mam a fi ar y cyfle cyntaf posib i lenwi'r Gwalch efo deunyddiau glanhau, paent, brwshys a ballu, ac i ffwrdd â ni'n blygeiniol gyda'r bwriad o dreulio diwrnod llawn a phrysur yn paratoi'r lle. Ond och a gwae – roedd gan y Gwalch syniadau eraill! Bob tro y gwelem riw o'n blaenau, dechreuai Mam a fi weddïo y byddai'r car bach yn cyrraedd y copa heb i'r injan ferwi drosodd; cael a chael oedd hi sawl tro, a'n nerfau ninnau'n rhacs cyn cyrraedd hanner ffordd! Er i ni hwylio'n ddidramgwydd i lawr Bwlch Tal-y-llyn, roedd dringo'r ffordd i Gorris yn fater pur wahanol – ac erbyn i'r injan oeri digon i ganiatáu i ni gwblhau ein taith, roedd Mam a fi wedi gwastraffu talp go dda o'n diwrnod ar ochr y ffordd!

Cyrhaeddwyd Tal-y-bont o'r diwedd, ac ar ôl gweithio'n galed tan fin nos daeth yn amser i ni droi am adref – ac ochneidio wrth feddwl am wynebu'r holl riwiau eto! Penderfynwyd 'mynd adref ar hyd ffordd arall', a theithio drwy'r Canolbarth i gyfeiriad Croesoswallt a Wrecsam, oherwydd bod y ffordd honno'n fwy gwastad. A thrwy gydol yr amser y bu'r Gwalch yn ein meddiant, dyna sut y bydden ni'n teithio rhwng y Canolbarth a'r Gogledd, gan osgoi Tal-y-llyn o'r ddau gyfeiriad!

O'r diwedd, cawsom gychwyn ein bywyd priodasol yn ein bwthyn bach clyd ar lan afon Eleri, ac o'r diwrnod cyntaf un teimlwn yn gwbl gartrefol yno. A minnau'n blentyn poenus o swil yn cael fy magu'n Gymraes mewn tref cwbl Saesneg ei hiaith ar lan afon Dyfrdwy, roeddwn wedi hen arfer â sylwadau dilornus megis, 'Hey, wot's-yer-name – wor issit now? Ellery, Hillary, Eel*airy*?' O'r diwedd, gallwn deimlo'n falch o'r enw a roddwyd i mi, a hwnnw'n cael ei ynganu'n gywir gan bawb. Ac er mai rhentu'r bwthyn am chwe mis wnaethon ni'n wreiddiol, gan fwriadu symud i Aberystwyth, wrth i mi ysgrifennu hyn o eiriau rydyn ni ar fin dathlu 44 mlynedd o fywyd priodasol, a hwnnw wedi ei dreulio'n gyfan gwbl o fewn tafliad carreg i afon Eleri.

Yn ystod ein blwyddyn gyntaf yn Nhal-y-bont, roedd y Gwalch yn rhan annatod o'n bywydau bob dydd, ac yn ymddwyn yn eitha da – heblaw, wrth gwrs, pan oedd angen dringo rhiwiau serth! Dysgodd y ddau ohonon ni pa un oedd y ffordd orau i deithio i bobman, a thrwy hynny llwyddwyd yn weddol i osgoi unrhyw drychinebau mecanyddol. Felly, pan wahoddwyd fi i fynd â 'nhelyn i gymryd rhan mewn Sosial yn Nhrefeurig, pentref yn y bryniau ychydig filltiroedd o Dal-y-bont, doedd dim rheswm i mi wrthod – cyn belled â 'mod i'n teithio yno ar hyd y ffordd fwyaf gwastad.

Cael a chael oedd hi i ffitio'r delyn yn y Gwalch, ond cafwyd noson hwyliog a chychwynnais innau am adre'n eitha jocôs yn hwyr y nos. Yn sydyn, wrth ddringo clip bach serth, clywais sŵn brawychus yn dod o'r cefn a theimlo awel gref yn chwythu o 'nghwmpas. Pan dynnais i mewn i ochr y ffordd, cefais sioc fy mywyd. Roedd y delyn wedi llithro'n ôl, gan wthio ffenest gefn y Gwalch o'i lle yn llwyr; bellach, roedd honno'n deilchion ar y ffordd, pedalau'r delyn dan orchudd o wydr mân, a'r offeryn drudfawr yn hongian yn sigledig allan o'r twll lle bu'r ffenest!

Yn y dyddiau hynny cyn ffonau symudol, doedd dim amdani ond gwneud y gorau o'r gwaethaf. Yn nhywyllwch dudew cefn gwlad, defnyddiais hances i sgubo cymaint ag y gallwn o'r gwydr mân i ffwrdd, a chlymu gwaelod y delyn i'r bympar â sgarff. Roedd gweddill y daith adref yn hunllefus, a dweud y lleiaf, ac ebychiadau pur ang-ngherdd-dantaidd yn dod o enau'r gyrrwr!

Yn fuan ar ôl y profiad hwn, penderfynwyd fod dyddiau'r Gwalch druan wedi dirwyn i ben. Yn ddagreuol, fe'i gadewais ar ôl yn y garej leol gan deimlo 'mod i'n gadael hen ffrind ffyddlon i lawr.

Roeddem wedi penderfynu ei newid am Triumph

Herald, y car roedden ni wedi bwriadu ei brynu ddwy flynedd ynghynt. Ond roedd un gwahaniaeth pwysig y tro hwn . . . byddai'n rhaid prynu'r model *estate* yn hytrach na'r salŵn. Wedi'r cwbl, byddai angen digon o le ar gyfer aelod bach newydd y teulu roedden ni'n edrych mlaen at ei groesawu ym mis Chwefror 1971!

HEULWEN HAF

Un da oedd Morris y Teithiwr

'Heulwen, tyrd yma. Os wyt ti isio pres poced, cer i lanhau'r car i mi', dyna fyddai 'nhad yn gweiddi pan fyddwn i'n sefyll o gwmpas yn creu niwsans o fi fy hun.

'O na! Dio'm yn deg. Oes raid i mi?' fyddwn innau'n swnian yn bifis.

'Oes, ma'n rhaid i ti. Cer . . . dim o dy nonsens . . . cer . . . a g'na jòb iawn arni ne' chei di ddim cyflog.'

Pan fyddai Dad yn bloeddio, roedd pawb yn neidio.

Yn pwdu ac yn tynnu wynebau, mi fyddwn i'n gadel

51

siop y cigydd ar y sgwâr yng Nghorwen ac yn mynd am y lladd-dy lle roedd Dad yn cadw'r car mewn hen sièd siabi. Stompian ar hyd yr A5 – heibio siop y barbwr, y fferyllfa, y trydanwr a'r siop tsips. Llusgo 'nhraed a sgraffinio fy sgidie'n fwriadol yn erbyn y llawr. Brathu geiriau brwnt dan fy ngwynt a chael pleser gwirion o glywed sŵn y bwced yn clecian ar y tarmac.

Croesi'r ffordd fawr wrth ymyl yr orsaf heddlu, a dilyn ffordd gul, igam-ogam hyd nes cyrraedd drysau anferth o blanciau pren a oedd wedi sigo ar hen *hinges* o ganlyniad i flynyddoedd o dywydd garw a hafau poeth. Stryglo wedyn efo bwnsiad o oriadau i ddod o hyd i'r goriad iawn i'r clo iawn. Datgloi a gadael i'r tsiaen ddisgyn a siglo 'nôl a blaen fel pendil cloc. I ferch fach naw oed roedd agor y drysau trwsgl, trwm yn glamp o gamp ond rhaid oedd llwyddo i blesio Dad. I mewn i'r tywyllwch a'r ogle tamp. Gosod y bwced a'r brwsh i lawr, y dystars a'r *polish* i'r seti lledr, dystar arall i'r *dashboard* a chadach siami sbesial i neud y *wind-screen*. O'r diwedd, agor drws y car efo clic-clic neis, sleifio i mewn i'r set o flaen yr olwyn a suddo i mewn i fyd ffantasi yn y Sunbeam Talbot . . .

Yn gwenu fel giât gallwn fynd i rywle yn y car arian crand HFM 307. Gallwn fynd i Wyddelwern i weld Taid a Nain, i Lundain i weld y *Queen*, neu i Landudno i weld Yncl John ac Anti Ffani neu i Black Rock Sands a gyrru ar hyd y swnd am filltiroedd fel *film star* yn

America. Da o beth oedd medru diflannu i fyd dychymyg a throi joben annifyr yn bleser.

A dyna lle y dechreuodd fy nghasineb, a fy nghariad, at geir.

Yn un ar bymtheg oed ac yn awchu i yrru, rhaid oedd aros blwyddyn gyfan cyn hynny. Felly, fel sawl un arall mewn ardal wledig, roedd cael gwersi gyrru ar fuarth ffarm yn gyffredin iawn ac ambell dro roedd yn rhaid mentro ar hyd ffyrdd troellog, diarffordd rhwng gwrychoedd trwchus. Roedd hyn yn handi rhag cael clec. Oedden ni'n torri'r gyfraith? Na, dim ond mynd am sbin, ymarfer cysylltu'r traed â'r pen a phopeth rhyngddyn nhw.

Gneud *three-point turns* tyn i mewn ac allan o'r beudy, gyrru rownd *obstacle course* o ganiau llaeth neu fêls o wair a chofio ddefnyddio *double declutch* wrth newid gêr. Defnyddio pen-glin y goes chwith i sadio'r llyw tra bod ymyl y bys bach ar y llaw dde yn gorffwys yn hamddenol ar yr olwyn, a'r benelin yn pwyso ar ymyl ffrâm y ffenest. Doedd gafael yn dynn yn yr olwyn, fel dwylo cloc am chwarter i dri, ddim yn dod yn naturiol i fechgyn clên cefn gwlad. Ymlacio oedd isio. Doedd dim ots chwaith beth oedd yn cal ei yrru, pic-yp, fan, tractor neu hyd yn oed Humber Super Snipe Mr Tudor, Gwerclas. Y tri giamstar gore oedd Robert Gwerclas, Glyn Tyfos a Gareth Pen-bont. Mae cof gen i i mi yrru adre o ddawns yn Rhuthun hefyd os byddai'r bechgyn wedi bachu neu isio peint bach arall.

Mae'r atgofion hyn yn codi ofn arna' i heddiw –
gyrru dan oed ac yfed . . . rhag cywilydd. Oedd ein
rhieni ni a'r plismyn yn gwybod beth oedd yn mynd
ymlaen, yn enwedig Sarjant Roberts? Fyddai hwnnw'n
cadw trefn trwy sefyll yn stond a syllu i mewn i'n
heneidiau. Dwi'n siŵr ei fod o'n saith troedfedd yn ei
fŵts ac yn feistr ar godi ofn ar rapsgaliwns yr ardal.
Aeilia du, trwchus fel brwshys yn sticio allan dan ei
helmed a'r strap yn glynu'n dynn dan ei en. Wedyn,
symudai'n gyfrwys fel blaidd yn cornelu ei brae, a'r
sgidie sglein yn gwichian wrth ddod yn nes ac yn nes.
Y peth nesa a deimlai rhywun oedd pwysau dwy law
fawr mewn menig lledr ar sgwydde crynedig, cyn
clywed cosbiad geiriol. Roedd munud fel awr dan
ddylanwad ac edrychiad Sarjant Roberts. Wedyn,
rhoddai wên glên cyn ein hel ni am adre yn crynu yn
ein sgidie.

Roeddwn i'n gyrru fan Viva fach lwyd a oedd yn
drewi o gig ar ddiwrnod fy mhrawf gyrru. Strydoedd y
Bala yn fwrlwm o bobl ac anifeiliaid. Defaid; ŵyn;
moch; gwartheg a chŵn ffyddlon yn brathu sodla rhai
o'r straglars. Sŵn Land Rovers, lorris a thrycs ac o du
ucha'r holl glochdar roedd llais lliwgar yr ocsiwnïar
fel cân gron, yn gytgan swnllyd i'r cyfan. Stondinau o
fyrddau simsan ar focsys pren dan doeau cynfas, yn
ysgwyd yn dragwyddol fel petaen nhw'n clapio. Y
gwerthwyr croengaled yn denu cynulleidfaoedd cystal
ag unrhyw berfformiwr ar lwyfan y Palladium, i brynu
tsieina; sosbenni; dillad gwely *winceyette*; welingtons;

cyllell a ffyrc; dillad *high fashion* a bric-a-brac. Roedd diwrnod marchnad yn y Bala yn bandemoniwm o fore gwyn tan nos. Pawb yn mynd a dod fel y mynnon nhw, yn gweu trwy'i gilydd fel hen gardigan gyffyrddus – ambell dwll yma ac acw neu ambell bwyth ar goll. Y tafarndai yn fwrlwm o ddiota, bwyta a thynnu coes. Pres lwc yn newid dwylo ar ôl prynu a gwerthu, a mwy nag un yn llyncu ei elw ac yn aros yn nerfus i'r Missus ddod i'w nôl o adre!

Nid y diwrnod delfrydol i gael prawf gyrru ond

Heulwen yn edrych yn hynod ffasiynol o flaen Morris y Teithiwr

doedd dim ots; o'n i wedi hen arfer mynd rownd y gylchdaith brawf . . . Ymlacio, dyna oedd isio.

Arholwr digon llwyd yr olwg ddo'th at y fan – roedd popeth amdano'n llwyd, hyd yn oed ei sgidie Hush Puppy. Gobeithio na fyddai ogle'r cig yn troi ei stumog o. *Clipboard* o bapure pwysig dan un fraich a bag plastig yn y llaw arall. Beth oedd yn hwn; siwmpar lân, falle? Gwaith nerfus a chwyslyd ydi gwaith arholwr gyrru. Daria, dau arogl annifyr rŵan!

Ar ôl sicrhau 'mod i'n gweld yn ddigon da i ddarllen arwyddbost a rhif cofrestru car yn y pellter, roedden ni'n barod. Tsiecio'r sedd, y *wing mirrors*, y drych ôl, y brêc, y clyts a'r sbardun, ac i ffwrdd â ni ar hyd y ffordd gefn am Lyn Tegid. Trwy'r gêrs yn ddidrafferth ac aros am y gorchymyn nesa. Ar wahân i ddefnyddio'r *indicators* i droi i'r dde ne' i'r chwith, roedd yn rhaid defnyddio arwyddion llaw hefyd. Arafu, newid gêr, troi'r handlen ar y drws i agor y ffenest, braich allan yn syth a phendant, yna troi'n ofalus gan osgoi cerddwr yn camu o'r llwybr i'r ffordd.

I stryd y farchnad nesa, i ganol yr halibalŵ. Trio gneud *three-point turn* rhwng y lorris. Damia, yr injan yn stopio. "Nes i stomp o hwnna, yn do. Ga' i drio eto?' Grêt, yr ail dro. Codi llaw ar hwn a'r llall. Gweld ffrind ysgol a meimio, 'Wela i di wedyn, OK?' Nid y peth callaf i'w wneud a finnau'n trio creu argraff ar yr arholwr.

Ymlaen â ni i fyny allt y coleg sy'n andros o serth,

yn berffaith ar gyfer cychwyn ar allt. Bydd hwn yn hawdd. Trodd yr arholwr i edrych trwy ffenest gefn y fan, rhoi ei law chwith a oedd yn dal y *clipboard* ar y *dashboard*, ac yna sŵn SLAP! BRÊCS! Slamio 'nhraed i lawr i'r llawr a stopio'n stond. Gorchymyn am *emergency stop* oedd hwn, yndê . . . NA!! Edrych 'nôl i gadarnhau nad oedd gormod o draffig tu cefn yr oedd o.

Pan ddo'th o at ei hun, mi wnes i *hill-start* neis iawn. Awr yn ddiweddarach ges i'r syrpréis rhyfeddaf, '*PASSED*'. Falle na allai'r arholwr ddioddef mynd trwy'r fath brofiad eto. Teimlad od oedd gyrru heb ffrind wrth f'ochor ond braf oedd bod ar y ffordd yn gyfreithlon o'r diwedd. Pasio y tro cyntaf . . . watsh owt!

Yn ugain oed, pan ddois i 'nôl o Llundain i agor siop y Parlwr Gwallt yng Nghorwen, rhaid oedd cael car. Yn hŷn o lawer ac yn llawn hyder, 'nôl â fi i'r sièd wrth y lladd-dy i barcio a pholisio fy nghar newydd.

Sports car swanc? Salŵn bach steilish? Na, Morris 1000 Traveller. Un gwyrdd tywyll hefo fframwaith pren golau o'i gwmpas. Dwy set *rexine* lliw gwin coch yn y ffrynt a mainc hir yn y cefn yn gadael digon o le i gario sychwr gwallt a throli pincio wrth dderbyn gwahoddiad i baratoi genethod ifanc a'u teuluoedd ar gyfer priodasau, neu wrth grwydro'r ardal i roi arddangosfeydd i Ferched y Wawr neu Glybiau Ffermwyr Ifanc. Roedd £350 yn arian mawr y pryd hynny.

Mae na ddiléit anodd ei ddisgrifio wrth yrru'r car cyntaf a rhaid oedd edrych y rhan . . . roedd bŵts lledr du at y pen-glin yn boblogaidd iawn a dillad mini Mary Quant yn hynod steilish. Trip yn y Teithiwr i Gaer i siopa a ffeindio'r union beth. Ffrog ddu efo patrwm geometrig du a gwyn rownd y gwddw, y garddwrn a'r hem. Yn ffitio'n berffaith, 'run fath â'r bŵts pen-glin. I fynd trostynt roedd gen i gôt ffwr Connie – enw crand am gwningen – un olau efo ymyl o ddu rownd y gwddw a lawr y ffrynt.

Dwi'n cofio'n glir yr owting cyntaf. Ecseitment mawr ar ôl derbyn gwahoddiad gan Dr Roberts a'i chwaer, Mrs Hughes, i ddod am ddiod a bwyd. Roedden nhw'n enwog am eu nosweithiau cymdeithasol. Mae Tŷ Isa yn sefyll yn hardd ar ei dir ei hun, tua milltir tu allan i Gorwen; prin fyddai 'na amser i godi sbid a newid gêr ond rhaid oedd cyrraedd yn y car. Mi wnes i dynnu 'nghôt i yrru, cynnau sigarét a phwffian fel model yn y cychgronau, ac yna agor y ffenest fechan fel triongl i fflician y lludw. Daeth pen blaen poeth y smôc yn ôl i mewn i'r car, disgyn yn fy nghôl a llosgi'r ffrog newydd. Sgidio i ochor y ffordd wnaeth y car ac mi wnes i neidio allan yn dawnsio fel hulpen. Mor wirion, mor beryg ond gwers bwysig wedi'i dysgu: tydi smygu a gyrru ddim yn cymysgu. Wedi cyrraedd Tŷ Isa, ro'n i'n meddwl fod pawb yn y stafell yn gweld y twll a hogle'r sinjo.

Os buodd ledi erioed, Mrs Hughes oedd honno. Fel rhywbeth allan o stori hud a lledrith, aeth dan ei phais a thynnodd hances boced o'i sysbendars, rhoi poer arni a rhwbio gweddillion y llosg. Lle od i gadw hances, yntê? Jin neu ddau yn ddiweddarach, lot o fwyd a chwmni llon ac roedd y cyfan yn angof.

Dro arall, ar y ffordd adre o angladd ffrind yn Lerpwl, teimlais fy hun yn mynd yn emosiynol ac yn ddagreuol. Wrth deithio dros dir anial Llandegla, ro'n i wedi diflasu ar fod yn sownd tu ôl i fws ysgol. Wedi ceisio pasio sawl gwaith a methu, ro'n i'n cynhyrfu ac yn gwylltio efo'r plant yn tynnu wynebau arna' i. Hwyl oedd y cyfan, wrth gwrs, ond fe golles i'r plot . . . Dim ond o drwch blewyn y bu i mi ddod dros y profiad. Daeth car allan o'r pant yn y ffordd, yn syth fel saeth amdana' i. Mae'n rhaid bod y bws a finnau'n mynd ar yr un cyflymder yn union; roedden ni'n dau wedi glynu yn ein gilydd fel magned. Aeth y car arall yn ei flaen. Stopiodd gyrrwr y bws a dod ata' i i'm helpu.

O'n i'n rhacs erbyn hyn a ddim yn ffit i yrru. Meddyliwch y drasiedi y gallwn i fod wedi'i chreu – llond y bws o blant ysgol? Ar ôl gadael y car ar ymyl y ffordd, aeth y gyrrwr bws a fi i'r dafarn gyfagos, y Liver Inn, i sipian brandy er mwyn setlo'r nerfau ac i ffonio adre am gymorth. Morris y Teithiwr oedd arwr y dydd yn sicr.

Wedi pedair blynedd, daeth hi'n amser i mi symud ymlaen a gadael Morris ar ôl. Yn ffodus, roedd ffrindiau da i mi yn chwilio am gar o'r fath felly cafodd gartre a gofal gwych am flynyddoedd. Credwch neu beidio, wnes i elw ar y gwerthiant hefyd.

Y gwir ydi, er bod bywyd yn newid o funud i funud, mae rhai pethau yn aros yr un fath. Hyd heddiw, mae'n rhaid cadw'r car yn lân, ei roi dan glo a'i barcio yn wynebu tuag adre bob tro. Diolch byth am reolau ac ymarferion doeth magwraeth. Un da a dibynadwy oedd Morris y Teithiwr . . . a 'nhad.

IDRIS CHARLES

Car Cynta, Car Caru

Ers pan o'n i'n ddim o beth mi ro'n i isio moto. Mi ro'n i'n licio chwara motos ar fuarth yr ysgol, a gwneud sŵn moto a mynd a brecio efo 'ngheg . . . ia, moto! Dyna oedd y 'nhad, a phawb yn galw'r bocs sgwâr efo injan a phedair olwyn. Pan oeddwn yn blentyn, roeddwn wrth fy modd yn cael reid o glos y ffarm i ben y lôn – siwrna faith o bron i filltir ym moto Captan Humphries, Cerrig Duon. Mi fûm yn chwara rasio gwyllt a gwirion efo Alwyn Pen Bryn ym moto ei fam, mynd i primin Gwalchmai ym moto crand Rover 10 Mr Roberts, Bryn Hyfryd. Ond gwell na'r rhain i gyd oedd mynd am dro o gwmpas Sir Fôn ym moto newydd fy nhad – A40 gwyrdd, efo seddi lledr, a'r moto yn drewi o ogla tsips am yn hir wedyn.

Roedd fy nau frawd, Wili a Glyn, wedi gwirioni ar

fotos hefyd. Fe ddechreuodd y ddau weithio ar ffermydd ger Bodffordd yn syth ar ôl gadael yr ysgol, ac o fewn munudau o fod yn brentisiaid ffarm mi roedd y ddau yn dreifio – yn dreifio tractor, yn dreifio Land Rover, ac yn dreifio lorris bach ar y caeau, yn ogystal â fan lefrith ar dir a chlos y ffarm.

O fewn blwyddyn neu ddwy, bu i'r ddau gael trwyddedau gyrru a phasio eu profion gyrru, prynu moto, a'r moto drwy ddirgel ffyrdd yn eu troi'n ddynion hollol annibynnol. Dwi'n meddwl ma' gweld fod y ddau yn cael dŵad adra pryd y mynnont, heb orfod dŵad adra ar y bỳs dwytha o Langefni neu Fangor ar nos Sadwrn, wnaeth i mi fod isio moto . . . Mi roedd yr hogia yn siarad am fynd i'r Fali a Llanfechell, i Berffro a Niwbwrch, hyd yn oed i Gaernarfon a Phwllheli – y llefydd na fyddach chi'n cael bỳs o Fodffordd iddynt.

Bu'n rhaid i mi aros am sawl blwyddyn arall cyn y gallwn efelychu fy mrodyr, ond pan ddaeth y dydd hwnnw, fe brofais innau'r wefr o fod yn ddyn hollol newydd a balch y tu ôl i *steering wheel* moto.

'Rôl pasio'r prawf gyrru ym Mangor, ro'n i isio moto yn syth; doedd dim affliw o ots sut foto oedd ᴏ, ond ei fod o'n foto fyddai'n mynd â fi o le i le. Mi roedd Bobby Hen Siop yn dipyn o fecanic, ac wedi gwirioni ei ben yn lân efo motos. Mi fyddai fo'n eu trin a'u peintio, ac yn cael sŵn car rasio o beipan yr ecsôst. Mi fyddai Bobby yn dreifio i fyny ac i lawr drwy'r pentra ddwsinau o weithia mewn bora, ei fraich yn pwyso ar ffrâm y drws a'r ffenast ar agor lêd y pen. Mi roedd pawb yn nabod Bobby, mi roedd pawb yn nabod moto Bobby; mi roedd y merched yn nabod Bobby, mi roedd y merched yn nabod moto Bobby, ac mi roedd Bobby yn cael lefran (cariad) yn amlach na neb arall yn y pentra . . . oherwydd y moto! Rhyw ddydd, roeddwn i isio bod fel Bobby, mi roedd Bobby yn gymydog i mi, ac mi ro'n i isio car yn union yr un fath ag o: "Car fy nghymydog i mi fy hun."

'Rôl gadael yr ysgol yn 15 oed fe es i weithio i siop ddillad yn Llangefni ac, yn od iawn, mi roedd merched oedd yn pasio'r siop yn edrach yn fwy deniadol nag yr oeddan nhw yn yr ysgol. Dwi'n cofio Edwards bach a Jôs, fy nghyd-weithwyr a oedd dipyn yn hŷn na fi, yn deud ei bod hi'n amsar i mi gael lefran go iawn. Mi ddysgon nhw betha i mi am ferched a charu na chlywais nag a ddysgais erioed ar yr aelwyd adra na'r ysgol Sul . . . ond dewch, mi oeddan nhw'n wersi diddorol, er nad oeddwn yn dallt pob dim.

Mynd i Fangor ar y bỳs hanner awr wedi pump ar ôl gwaith oedd yr arferiad, cael lefran yn y bỳs stop os o'n i'n lwcus, a mynd i sinema'r Plaza neu'r City, yna sws bach gwlyb ar y gwefusau – ych a fi – a chael bỳs naw adra'n ôl. Mi ro'n i yn fy ngwely'n cysgu'n braf am hanner awr wedi naw, a dim ond yn breuddwydio am wersi Edwards bach a Jôs.

Ond fe newidiodd petha! A finna bron yn ddeunaw oed, fe ges gynnig jòb dreifio fan hufen iâ o amgylch Sir Fôn gan gwmni Mr Softy yng Nghaergybi, ac am nad oedd gin i foto i deithio i Gaergybi bob dydd mi roeddwn yn cael mynd â'r fan adra, a'i pharcio yn yr ardd. Sôn am fynd â'r gwaith adra efo chi . . . wel, be well, yndê? Ia, roedd popeth yn iawn, am gyfnod. Mi fyddach chi'n synnu faint o ferched ifanc oedd yn ffansïo dyn eis crîm pan oeddan nhw isio cnau a fflêc a *hundreds and thousands* am ddim. Doeddwn i ddim yn dda iawn efo merched. Unwaith, dwi'n cofio dwy ferch yn giglan wrth y fan wrth benderfynu pa hufen iâ oeddan nhw isio, finna yn mentro ar fy nghyfla ac yn gofyn i'r un efo gwallt melyn cyrliog, 'Wnei di ddŵad i'r pictiwrs efo fi nos Sadwrn?' ac meddai, gan sbio ar ei ffrind, a dal i giglan, 'Os gin ti ffrind 'ta?' 'Oes,' medda fi'n uchal a balch. 'Wel,' meddai hithau, 'Gofyn iddo fo fynd efo chdi 'ta.' A dyna a fu. Nath hi ddim hyd yn oed prynu lolipop.

Fodd bynnag, mi ddysgis yn ddigon buan nad oedd yn rhaid bod yn rhy dda efo merched os oedd y merched isio rhwbath gynno fi. Un cwestiwn oedd yn codi'n aml oedd, 'S'gin ti gar?' neu 'Sut gar s'gin ti?'

Dwi'n cofio deud clwydda wrth hogan o Gaergybi – ew, mi roedd hi'n hogan ddel, ac yn byw ar un o stadau tai cyngor y dref. Saesneg oedd hi'n siarad, ond o'n i'n atab yn Gymraeg bob tro. 'Av u gotta car?' meddai. Roedd fy mrêns ar fin deud 'na' nes i fy llygaid weld ei llygaid, a fy wyneb weld ei hwyneb (flynyddoedd cyn i Ems sgwennu ei gân enwog). Fe neidiodd fy nghalon a deud, 'Oes.' 'What time do you finish?' Y brên yn deud mewn dwy awr, y galon yn neidio i mewn ac yn deud, 'Deng munud.' 'Pick me up in twenty minutes . . . I'll get changed.'

Doedd gin i ddim moto . . . Wel, fedrwn i ddim troi i fyny mewn fan eis crîm a gofyn iddi garu efo fi mewn fan o'r fath, felly ar ôl syrfio'r cwsmeriaid i gyd, dyma fi'n rhoi fy hun mewn mwy o gyffion celwydd. 'Methu heno, newydd gofio, gorfod mynd i . . .' ac ro'n i'n methu meddwl am unrhywle y byddwn yn mynd. Be fedrwn ei ddeud? Doedd na ddim lot o lefydd i ddewis ohonynt a dyma'r hyn ddaeth allan, '. . . mynd i . . . mynd i . . . seiat efo Nain.' Saib enfawr. 'Nos fory yn iawn?' 'Aye, OK then, see you tomorrow!' Ac mi wyddwn yn iawn nad oedd ganddi unrhyw syniad o gwbwl be oedd seiat.

Roedd fy moto cynta yn mynd i fod yn gar i garu ynddo a dyma, mewn gwirionedd, pryd y dechreuais alw'r moto yn gar . . . a char ydi o 'di bod ers hynny. Dwi'n cofio ffonio Doug, y bòs, a deud wrtho fy mod angen car ar frys, neu byddwn i ddim yn medru dŵad i'r gwaith ac y byddai'n rhaid i mi werthu eis crîm i gwmni arall. Tybad basa fo yn gallu helpu? Heb orfrolio fy hun, mi oeddwn i'n un o'r gwerthwyr hufen iâ gora, ac mi fyddai wedi bod yn golled iddo petawn wedi mynd. 'I'll buy you a car, and you can pay me back from your wages every week,' medda Doug annwyl.

Roedd 'na garej a oedd yn gwerthu ceir ail-law ar yr hen A5, yng nghanol Gwalchmai isaf – roedd y mab yn chware pêl-droed i glwb Bodffordd, felly mi roeddwn yn ei nabod yn dda. 'GOOD USED CARS' oedd ar yr arwydd mawr rhydlyd a oedd yn gwichian yn y gwynt. Rhaid oedd trio bargeinio efo'r gwerthwr. 'Faint o bres s'gin ti?' 'Dim lot.' 'S'gin ti gan punt?' 'Nac oes.' 'Saith deg punt?' 'Ma gin i sicsti cwid,' medda fi. Hyd yn oed yn 1965 doedd hynny ddim yn lot fawr o bres am gar . . . ond mi ges gar – Standard 10, pris yn newydd: £580; pris yn ddeg oed: £60, yn cynnwys treth. Mi roedd Doug yn rhoi y car a'r insiwrans yn enw ei fusnes. BFF oedd y llythrennau ar nymbyr plêt y moto, er dwi ddim yn cofio'r rhifau! Fe gafodd y car ei fedyddio'n 'byffyff' (BFF) a 'byffyff' yr oedd pawb

Idris yn swancio ar gefn y 'byffyff'!

oedd yn fy nabod yn galw'r car. Mi ddaeth y 'byffyff' yn fwy enwog na char Bobby Hen Siop hyd yn oed – deud go fawr ym Modffordd oedd deud hynny! Doedd neb efo car mwy enwog na Bobby.

Fe newidiodd y 'byffyff' fy mywyd cryn dipyn. Mi ddois yn dipyn o lanc, a'r 'byffyff' yn cael ei sbwylio'n lân – ei olchi a'i smwddio . . . wel, ei olchi! Cael y petrol gora; yr olew drutaf; newid y plygiau mor amal â sipsi yn newid aelwyd; dŵr glân, a'r trimins. Trimins? O ia, trimins. Os oeddach chi'n prynu petrol o garej Shell yn y chwedegau a'r saithdegau, mi roeddach chi'n cael sticeri o bob math. Dwi'n cofio rhoi sticeri tyllau bwledi ar ffenast ôl y 'byffyff'. Roedd y rhain i fod i roi'r argraff fod bwledi wedi cael eu saethu drwy'r ffenest – mi roedd na hysbyseb ar y teledu i gyd-fynd â'r sticeri. Esso wedyn yn cynnig cynffon teigar, honno yn rhoi'r argraff ei bod yn dŵad allan o'r tanc petrol; y slogan oedd, 'I've got a tiger in my tank.' Y dyddiau hynny doedd gin i fawr ddim byd ond sticeri – doedd gin i ddim radio a phob gadjet sy'n mynd efo'r radio heddiw – dim sat-nav; dim sigarét laityr; dim sêffti belts; dim lectric windos; dim sentral locing; hîtyr a oedd ond yn gweithio weithia, a weipars yn gweithio llai fyth pan oedd hi'n bwrw, yr indicetors yn gyson o anghyson ac, wrth gwrs, heb anghofio'r handlan ar ffrynt y car i'w ddechra ar fora oer yn y gaeaf neu os oedd y batri'n fflat, neu os oeddwn i 'di rhoi gormod o tsiôc iddo ac wedi boddi'r carbaretor.

Ond do, dwi'n falch i ddeud, fe gyflawnodd y car ei

ddyletswyddau'n berffaith – fyddwn i ddim wedi cyflawni addysg Edwards bach a Jôs heb y car caru, fyddwn i ddim wedi aros allan ar nos Sadwrn yn hwyrach na bỳs naw heb y car caru. Mae'n debyg fod y car wedi dŵad yn handi iawn ar ôl i mi gyfarfod, a dŵad yn ffrinda efo Tony ac Aloma – fe fyddai Tony yn deud rhwbath fel, 'Consart yn Bryngwran wsnos nesa; mi wna i gario telyn Aloma, ac Aloma yn fy nghar i . . . os medri di roi lifft i Christine, a mam a thad Aloma yn y "byffyff"?'

Dwi'n cofio mynd â hogan adra i Maesgeirchen ger Bangor unwaith; wn i ddim lle yn y byd ma' Wendy erbyn hyn – gweithio yn Woolworths yr oedd hi pan welis i hi, ac yn fan'no ar draws y cowntar petha da y gwnes i ei tsiatio hi i fyny. 'Av u got eni Maltesers?' medda fi; pam Maltesers, dwi ddim yn gwbod. 'Wêr dw iw lif, lyf? Aif gotta car iff u wanna lifft hôm.' Ac i Maesgeirchen â fi yn y 'byffyff'. Hogan ddistaw iawn oedd Wendy, ddudodd hi ddim gair ar y ffordd yna. A ges i sws gin Wendy yn y car caru? Do, dim ond sws debyg i be o'n i'n ei gael gan Miss Jones, fy athrawes gynta yn nosbarth babanod ysgol Bodffordd, ond mi fu'r hen 'byffyff' yn fodd i mi fod yn ddigon hyderus i ofyn.

Caru yn y 'byffyff' yn Amlwch ddaeth â chwymp Sodom i mi er, ar y pryd, wyddwn i ddim mo hynny. Roedd y 'byffyff' wedi'i barcio mewn maes parcio distaw wrth draeth Bull Bay a gwireddwyd gwersi Edwards bach a Jôs. Dwi'n deud dim . . .

Dwi wedi cael ambell jôc o ddreifio a charu yn y car . . . deud rhwbath fel hyn wrth y gynulleidfa: 'Ges i roi lifft i Aloma yma heno, a phan o'n i'n dreifio o Lanfaethlu i Gemaes, mi es ar draws gwlad drwy Lanfechell. Mi roedd hi'n tywyllu, ac medda Aloma wrtha fi mewn llais dwfn, "Idris." "Ow ia, Aloma. Be ti isio?" Pesychiad bach direidus gan Aloma cyn iddi ddeud yn gellweirus, bron yn rhywiol, "Idris, wyt ti'n medru dreifio jest efo un llaw?" W'annwl dad, dyna gwestiwn i ddyn ifanc mewn car caru, ac medda fi'n grynedig, "*Oh là là*! Yndw Aloma, mi fedra i ddreifio efo un llaw." "Reit," medda hithau. "Sycha dy drwyn 'ta!" Wel, mi chwarddodd sawl cynulleidfa, beth bynnag.

Felly i gloi, ma' moto, neu gar, wedi bod yn bwysig iawn i mi ar hyd fy oes; mi fyddai'n anodd meddwl sut fyddai bywyd wedi bod heb gar. Y 'byffyff' yw seren yr erthygl hon, ond fe fûm i'n berchen ar sawl car ar ôl y 'byffyff'. Escort glas oedd gen i pan gwrddais â'm gwraig Ceri; hi wedi'i magu ar aelwyd heb gar, ac yn dibynnu ar drafnidiaeth gyhoeddus neu'n cerdded i bob man. Cerdded i'r ysgol; cerdded adra i gael cinio; cerdded 'nôl wedyn i'r ysgol; cerdded adra 'rôl ysgol, ac yn y blaen. Mynd i dde Lloegr ar eu gwyliau ar y trên, cerdded i bob man ar ôl cyrraedd. Felly pan ddois i ar y sin efo car, a hwnnw yn gar caru . . . fe newidiodd ei bywyd hitha hefyd.

Fe gefais ddau *sports car* – MG Midget coch, a'i liwio'n oren, ac wedyn un Alfa Romeo. Pan oeddwn yn hyfforddwr gyrru mi brynais sawl Toyota newydd sbon, ond wir, er bod y *mod cons* i gyd yn y ceir newydd, fy ffefryn o bell oedd yr hen 'byffyff'. Mi roedd 'na gymeriad yn perthyn iddo, mi roedd o wrth ei fodd pan oeddwn yn gwneud ffŷs ohono. Ond y rheswm penna pam mai'r 'byffyff' oedd y ffefryn, mi fedrwn gael pedwar galwyn o betrol am bunt pan o'n i'n ei ddreifio.

EMLYN RICHARDS

'Mae'r blydi car yna sydd gen ti'n beryg bywyd!'

Meddyliais yn betrus, fy nghar cyntaf? Vauxhall Ten, car ag iddo gymeriad arbennig, pwy all beidio'i gofio. Wrth gasglu'r atgofion amdano, synnais nad oes ond cwta bymtheng mlynedd ar hugain rhwng fy nghar cyntaf i a char cyntaf Williams, Siop y Sgwâr, Llanaraf,

'yr hen Siandri.' Pwy fyddai fyth yn ddigon beiddgar i gystadlu â W. J. Griffith, yr Henllys Fawr, yn adrodd stori ei gar cyntaf? Ond o gofio mai tynnu oddi ar ei ddychymyg byw a wna'r storïwr hwnnw o Aberffraw; tynnu oddi ar fy atgofion a wnaf i, mae fy stori i yn wir am gar go iawn. Mae'n wir pan ddaw niwl dros fy atgofion y byddaf innau, bryd hynny, yn dychmygu ac yn dyfalu. Wedi'r cwbl y mae storïau'r Henllys Fawr i gyd yn wir ac yn ddarn byw o fywyd fel yr oedd pethau bryd hynny.

Ond dyna fo, nid W. J. Griffith ydw i ac nid yr hen Siandri oedd fy nghar cyntaf i, er ei debyced mewn rhyw bethau.

Mae yna ryw nodweddion neilltuol yn perthyn i'n pethau cyntaf ac i'r troeon cyntaf mewn bywyd. Cofio gwisgo trowsus llaes am y waith gyntaf, cofio reidio beic heb neb yn gafael a chofio'r car cyntaf yn siŵr a'r panorama o ddigwyddiadau doniol a dwys ynglŷn ag o. Meddyliwch, gwas fferm yn dod yn berchen ar gar! Mi roedd beic yn ddigon da i'r gwas, debyg. Ac eto, fel y dywed Gruffydd Parry, 'Mae beic wedi medru cadw rhyw barchusrwydd na pherthyn i unrhyw beiriant arall bron. Mae plismon a pherson, a hyd yn oed athro ysgol yn medru cadw eu hurddas ar gefn beic.'

Ond parchused y beic, fe ddaeth moto-car yn bleser pawb o dipyn i beth ac nid oherwydd imi fynd yn 'sgethwr y ces i'r car cyntaf. Yn wir, cyflog prin gwas fferm a dalodd amdano.

Yn haf 1953 gadewais y fferm a chymdeithas hogia

gweini a throi am y Bala, i'r coleg – llam o gam. Yn ffodus iawn ar y pryd, yr oedd dyn trên o Abererch, yntau wedi gadael y trên am y weinidogaeth. Yr oedd gan Iorwerth gymaint o feddwl o'r trên ag a oedd gen i o fywyd y fferm. Yr oedd gan Iorwerth gar, Austin Seven, a oedd yn bymtheg oed ac mae hynny yn hen i gar, fel y mae ci yn gant oed wedi cyrraedd ei ddeng mlwydd oed. Wrth ddreifio am Ffestiniog, mi fyddai'r Austin bach yn dangos ei oed ac yn wir ar ffordd wyrgam y Mignaint, mi fyddai sbring oddi tano yn clecian yn ddolefus. Gyda'r pedair olwyn cyn gryfed ag olwynion coets babi, yr oedd hyd yn oed yn sensitif i lwch dan draed. Wrth gofio'r teithiau hynny, mae'n syndod fod y *signalman* a'r gwas fferm yn fyw i ddweud y stori!

Daeth y flwyddyn gyntaf i ben yn weddol lwyddiannus yn y coleg ond, yn anffodus, yr oedd Iorwerth yn troi am Aberystwyth a chollais gyfaill da iawn a chollais yr Austin Seven. Dyma gyfle i minnau gael car i mi fy hun – penderfynais y bodlonwn ar unrhyw gar ond Austin Seven. Gwelais hysbyseb obeithiol yn yr *Herald Cymraeg*: 'Ar werth: Vauxhall Ten 1938 mewn cyflwr perffaith a phris rhesymol'. Doedd dim munud i'w golli ac aeth tri ohonom, Lewis, fy mrawd yng nghyfraith, Robin, fy mrawd, a minnau dan gyfarwyddyd yr hŷsbŷs i'r Bontnewydd. Cyn curo'r drws gwelsom y car – os oes y fath beth â syrthio mewn cariad ar yr olwg gyntaf, wel dyna fo. Tra bu Lewis a Robin yn chwilio am ffaeleddau'r

Vauxhall fe'm cornelwyd i gan berchennog y car:

'Dyma'ch car cyntaf?' holodd.

'Ia,' atebais gyda rhyw bendantrwydd fel pe bawn i eisoes wedi'i brynu.

'Mi fyddai'n rhaid i chi grwydro'n go bell i gael gwell car na hwn,' aeth yn ei flaen i ganmol y car a chanmol fy newis innau. Rwy'n siŵr i mi anfon saeth weddi na châi'r ddau ymchwilydd unrhyw nam yng ngwrthrych fy serch.

Diolch byth, 'Be ydi'r pris?' oedd y cwestiwn cyntaf.

'Cant a hanner' meddai'r gwerthwr gan edrych i fyw fy llygaid awchus.

'Mae gen i hynny,' meddwn fel ergyd rhag y byddo unrhyw rwystr. Talwyd amdano mewn papurau punt gwyrdd – cyflog gwas fferm am sawl tymor. Fu neb erioed cyn falched ar y ffordd fawr rhwng y Bontnewydd a Botwnnog. Trysorwn eiriau canmoliaethus y gwerthwr, 'Dyma'r car cynta yn y wlad efo sysbendars trofar a brêcs hydrolig.' Nid rhyw Austin Seven simsan oedd gen i, wedi un daith dros y Mignaint mi roeddwn i'n reit siŵr nad oes gan Austin Seven sysbendars ac yn bendant doedd gan gar Iorwerth ddim hydrolig brêcs. Amheuwn ar brydiau a oedd arno frêcs o gwbl. Ond bellach dyma fi'n berchen fy nghar cyntaf.

Yr oedd y coleg yn ailagor i'r ail flwyddyn ymhen chwe wythnos a olygai amser byr i ddysgu dreifio a phasio'r test. Ymrois ati bob cyfle a gefais gyda Robin, fy mrawd, a Twm Ffrainc, hyfforddwr gyrru proffesiynol, i'm dysgu. Byddai Robin yn hynod nerfus a chefais sawl rheg ffyrnig am yrru'n rhy araf ac am gadw'n rhy agos i'r ochr chwith. Yr oedd Twm Ffrainc yn ddyn amyneddgar, yn fy mwydo ag awgrymiadau buddiol ac ymarferol. Nid Ffrancwr mohono; Cymro glân gloyw ydoedd – enw 'i gartref yn Llangïan oedd Ffrainc. Mae yna dŷ ym Mynytho hefyd o'r enw Tsieina ond nid Tsieiniaid sy'n byw yno.

Gwawriodd bore'r Farn, eisteddem yn y Vauxhall mewn maes parcio yn Stryd Penlan ym Mhwllheli yn disgwyl y barnwr. Diolch byth, Cymro oedd hwnnw, dyn clên o'r enw Dafydd Llwyd o Sir Fôn. Arweiniodd fi i lawr Stryd Penlan, ar draws Pen Cob, i gyfeiriad y môr. Teimlwn yn ddieithr chwithig ddim yn codi llaw ar bobl yr oeddwn yn eu nabod yn iawn, ond doedd wiw efo testar wrth fy ochr.

'Pan fydda i'n taro fy llaw ar y *dashboard*, stopia'n syth,' meddai'r barnwr. Ymlaen â mi yn dalog, yn gwbl ddirybudd trawodd ei law, stopiodd y car a phen y testar yn taro'n giaidd ar y sgrin. 'Go damia'r brêcs hydrolig yma!' meddai'n flin. 'Pwy gynghorodd di i brynu Vauxhall? Mi fyddai'n llawer gwell i ti Ffordyn.'

Teimlwn fy mod wedi gwneud llanast iawn o bethau, a'r cyfan oherwydd y car ac nid y gyrrwr.

Llwyddais yn arbennig o dda efo'r tro tri phwynt gan droi yn ôl yn daclus ryfeddol. Yr oedd golwg eitha boddhaol ar Dafydd Llwyd yn cyrraedd y maes parcio. Cawsom sesiwn o holi ac ateb fel cyfarfod ysgol henffasiwn. Deuthum drwyddi'n rhyfeddol. Bu distawrwydd! Wedi troi a throsi'r pentwr papurau yn ei law ac ebychu'n ddistaw ac aneglur drwy'i drwyn, fel y bydd pobl bwysig, 'Rwyt ti wedi pasio,' meddai. Teimlais fy mod wedi'm llethu â rhyw orfoledd dieithr, fel rebal wedi'i achub neu garcharor wedi'i ollwng yn rhydd, 'a'r maglau wedi eu torri.'

Bu cyngor y barnwr yn fodd i'm tynnu i lawr o'r entrychion, 'Cofia mai rŵan yr wyt ti'n dechrau dysgu.' Ond mi roedd gorfoledd y pasio yn rhwystr i unrhyw gyngor gael dyfnder daear.

Gan fod wythnos eto nes y byddai'r coleg yn agor, awgrymais wrth fy rhieni yr elem am drip cyn imi droi tuag yno. Gan fod gan fy nhad berthnasau yn Sir Fôn, dyma gyfle i daro ymweliad. Credai pobl Llŷn ers talwm mai rhyw bentra mawr oedd Sir Fôn. Fe gredem ninnau ar ein taith na chaem ni fawr o drafferth i ddod o hyd i'n perthnasau a phe dôi hi i'r gwaetha, mi roedd gan mam eu direcsiwn yn ei phwrs – Crochan Caffo, Llangaffo. Doedd yna ond un bont, 'Uchel gaer uwch y weilgi,' i fynd i Fôn bryd hynny.

'Dos yn syth yn dy flaen,' comandiriai Mam o'r sedd gefn. Ufuddheais a chyrraedd 'pentra'r enw hir', chwedl fy nhad.

'Stopia yn fan'ma pan weli di rywun imi holi lle mae'r Grochan,' meddai 'nhad. Cerddai dyn bychan, busneslyd yr olwg; stopiais, agorwyd y ffenest ac mewn dim o dro yr oedd 'nhad ac yntau mewn sgwrs fel dau fu yn 'rysgol efo'i gilydd yn sôn a siarad am bopeth, ond am y ffordd i Langaffo. Rhoes mam derfyn ar yr ymgom ddifyr ac fe'm cyfarwyddid am ben ein taith. Troi ym Mhentra Berw i'r chwith ac o fewn rhyw filltir neu ddwy, dyna Langaffo.

Yr oedd y Vauxhall cyn lleted bron â'r ffordd i Langaffo a sawl trofa dywyll iawn. Ar un o'r trofâu hyn, roedd trol a cheffyl yn ein hwynebu ar ganol y ffordd. Yr oedd y dyn a'r ceffyl yn gwbl ddidaro, dyn busneslyd eto ac yn barod am sgwrs ond roedd mam mewn cryn banig yn dechrau beio 'nhad druan am fod ganddo deulu mewn lle mor anial. Yn wyneb y fath sefyllfa, fe anobeithiodd fy nhad hefyd. 'Fedri di fyth basio,' meddai. 'Does yna ddim lle i Gream Cracker ar ei hochor i basio'r drol yn fan'na.' Wedi tipyn o din-droi gan y certmon, cawsom adwy i ddianc.

Cyraeddasom Grochan Caffo o'r diwedd yn bobl ddiarth heb eu disgwyl. Yr oedd mam yn dal yn y panig gan weld holl droliau Sir Fôn rhyngom a'r ffordd i'r bont. Yn ôl yr hen ferch, pe baem wedi dod ddoe mi roedd yma deisen. Bu'r ta-teuo yn llawer ehangach na'r croeso, a welsom ni'r un drol na cheffyl ar hyd y ffordd i Lŷn. Ond beth ydi'r ots am deisen? Roeddwn wedi dreifio i Sir Fôn fy hun bach a'r car wedi bihafio fel gŵr bonheddig.

Sir Feirionnydd fyddai'r daith nesaf gan fod y coleg yn dechrau ymhen yr wythnos. Yng nghwmni Robin Wern, myfyriwr y flwyddyn gynta, troesom am y Bala ar hyd yr un llwybr â'r Austin Seven ond yn llawer esmwythach. Croesawyd y Vauxhall gydag edmygedd a pheth cenfigen gan fyfyrwyr y Bala. Sut ar wyneb y ddaear yr oedd gwas ffarm tlawd y flwyddyn ddiwethaf mewn mater o fisoedd yn berchen ar Vauxhall Ten mawr, neis? Doedd ond un ateb – 'Bûm yn byw yn gynnil, gynnil.'

Ond un pnawn Gwener a ninnau – Robin, dau fyfyriwr arall a minnau – ar ein ffordd adra o'r Bala, yn wir wedi cyrraedd i olwg tref Pwllheli, dyma glec; crymodd y Vauxhall ar ei drwyn i'r ochr dde. Yr oedd yn amlwg fod rhywbeth go ddrwg wedi digwydd. Llwyddais i gyrraedd Pen Cob ac anelu am y garej agosaf – garej Tocia – y nhw oedd arbenigwyr Vauxhall. Cefais sylw diymdroi gan fecanic; dyn bychan, gwyllt yr olwg. Penliniodd yn ddefosiynol i chwilio am y clwy. Daeth y ddedfryd, 'Mae blydi trofar y sysbendar wedi torri; cythraul o gost i ti, boio.'

Wyddai'r dyn bach seimlyd ddim fy mod i'n bregethwr, neu ar fy ffordd i fod yn bregethwr; chwarae teg, mae gan bregethwrs go iawn goler startsh tu ôl ymlaen. Bu'r Vauxhall yn ddrud i'w wella. Tybed, wedi'r cwbl, nad oedd sbring ymyl Harry Ford yn llawer amgenach? Ond mae pob testun ymffrost yn costio'n ddrud iawn. Ond roedd y car yn marchogaeth yn esmwythach nag erioed ac yn barod am unrhyw daith.

Y coleg ym Mangor fu'r gyrchfan nesaf i'r Vauxhall a minnau, a sawl myfyriwr direidus arall. Pwy yn ei iawn synnwyr fyddai'n cychwyn o Lŷn i Fangor gyda Harri Lôn Dywyll yn y sedd flaen a Dic Glansoch yn y sedd ôl? Sôn fod bora Llun yn farwaidd, wel dim efo'r ddau yma!

Heb un gofal yn y byd
Ond, canu a bod yn llawen.

Cyn diwedd y tymor yr oedd rhif y car, DLV 386, yn llyfr bach pob plismon o Langïan i Fangor. Cafodd y gyrrwr druan sawl rhybudd y bygythiad o du'r gyfraith, a minnau'n gwbl ddieuog. Ond beth bynnag fu barn yr heddlu am y Vauxhall, fe gâi le anrhydeddus mewn lle parcio dethol o flaen y brifysgol gydol yr wythnos yn rhad ac am ddim. Yn ffodus yr oedd y darlithydd Hebraeg, Dafydd ap Thomas, yn berchen ar Vauxhall ac yn credu nad oedd ceir tebyg iddynt; teimlwn fy mod bellach yn perthyn i gwmni dethol. Os nad oeddwn yn rhyw lawer o Hebrëwr, gwan iawn a dweud y gwir, eto yr oedd gan y darlithydd a minnau ddigon yn gyffredin i siarad amdano a oedd allan o gyrraedd gweddill y dosbarth. Rhwng popeth, enillodd fy nghar gryn amlygrwydd yn sefyll drwy'r wythnos gyferbyn â drws ffrynt y coleg.

Mi gofiaf yn dda iawn am un digwyddiad brawychus yn hanes y Vauxhall ac mi roeddwn yn rhannol gyfrifol, a dyna paham rwy'n dal i gofio ar ôl bron i drigain mlynedd. Ganol Medi 1956 oedd hi a rhai o fyfyrwyr y Methodistiaid o'r coleg wedi trefnu encil, yn fwyaf arbennig i groesawu myfyrwyr Methodistaidd newydd. Cyfarfyddem ym Mryn Hedd ym Mhenmaenmawr. Trefnodd Wil Huw, bachgen o Langwyllog ym Môn, i ddod efo mi yn y car. Yr oeddem ein dau o gefndir ac o argyhoeddiadau digon tebyg. Wedi swper da ar ein dyfodiad i Fryn Hedd, yr oeddem i wrando ar draethiad beichus gan ryw efengylwr o Ianc. Mae'n amlwg y credai fod pob un o'i gynulleidfa ymhlith y pechaduriaid duaf a gyfarfu erioed, ac mae'n amlwg iddo gyfarfod rhai duon iawn yn ei famwlad. Yr oedd hi'n hwyr iawn a phawb yn barod am ei wely pan dawodd y pregethwr, ond ddim yn rhy hwyr i Wil alw heibio i'm llofft.

Wedi dedfryd ar yr oedfa holodd Wil yn betrus, 'Tybad faswn i'n cael benthyg dy gar di nos yfory?'

Roedd yn amlwg fod perthynas cyd rhwng meithdra'r oedfa a'r cais am fenthyg y car. Gwelais innau gyfla, 'Mi ddanfona i di Wil, lle bynnag yr wyt am fynd,' meddwn gyda rhyw ryddhad rhyfeddol.

'Wel na,' meddai Wil, 'mae gen i ddêt efo rhyw wejan ym Mangor.'

Caewyd y drws arnaf, mi fydd raid i mi oddef yr Americanwr beichus am oedfa eto. Ymddiheurodd Wil i'r Gymdeithas, oherwydd amgylchiadau arbennig iawn na allai fod yn yr oedfa y noson honno a'i fod yn ffodus iawn o gael benthyg car ei gyfaill.

Yr oedd Wil yn barod i gychwyn am Fangor tua thri o'r gloch trannoeth.

'Oes gen ti insiwrans ar y car yma, dywed?' holodd.

'Paid â phoeni am ddim, Wil,' meddwn. 'Gobeithio y byddi di a'r wejan yn licio'r car.'

Rhwng tri o'r gloch ac amser swper ym Mryn Hedd, llwyddais i fagu rhyw aflwydd dieithr iawn a hysbysais y criw o'm dilema. Daeth un o'r staff i'm gweld a finnau'n gorwedd ar y gwely. Llwyddais i argyhoeddi'r ferch fy mod yn wael ond ddim digon gwael i alw'r doctor. Eisteddais wrth y bwrdd cinio'r noson honno gydag archwaeth i fwyta ceffyl, ond doedd wiw i ddyn gwael stargatsio'n harti. Bodlonais ar damaid o dôst a phanaid boeth gyda dwy Asprin. Erbyn saith o'r gloch yr oeddwn yn waelach ac es i'r gwely. Yn ôl rhai o'r bois, yr oedd y pregethwr yn well fyth y noson honno tra credai eraill ei fod yn fwy annioddefol fyth. Wedi'r oedfa mi wellais yn arw; yn wir, yr oeddwn yn holliach heb fynd i'r oedfa. Ond cyn cysgu'r noson honno ces achos go wir i fod yn wael.

Cyrhaeddodd Wil yn ôl yn hwyr iawn; yr oedd hi'n hanner awr wedi un ar ddeg, ac mi roedd hynny'n hwyr iawn ers talwm. Yr oedd golwg ddieithr, wahanol ar Wil. Safodd wrth fy ngwely:

'Gwranda,' meddai mewn llais dolefus, 'mae'r blydi car yna sydd gen ti'n beryg bywyd!' (Mi fydd pregethwr yn rhegi.weithiau) 'Does gen ti ddim brêcs arno fo.'

Cofiais imi anghofio rhybuddio Wil fod raid pwmpio'r pedal yn fân ac yn fuan i gael y gorau ohonynt – hydrolig brêcs. Yn fy nychryn holais, 'Wnest ti ddim taro'r car gobeithio, Wil?'

'Taro'r car?!' meddai Wil gan godi'i lais er ei bod hi'n hwyr. 'Mi fu bron iawn imi daro dyn ar y sebra crossing ym Mangor a'i fwrw i dragwyddoldeb.'

Dyna ragoriaethau'r Vauxhall – bar trofar y sysbendar, a rŵan dyma'r hydrolig brêcs wedi fy siomi, y ddwy rinwedd a oedd yn gymaint testun ymffrost imi. Nid rhyfedd imi golli ffydd yn y Vauxhall, fy nghar cyntaf.

Ond, nid dyna ddiwedd ei hanes, bu un digwyddiad arall hynod o annymunol yn hanes fy nghar cyntaf a dyma un o'r achosion olaf yn ffeil yr ysgariad rhyngom. Euthum i'm cyhoeddiad i'r Gerlan, Bethesda, yn dalog y bora Sul braf hwnnw o Fehefin. Capal a galeri reit rownd; tipyn o anrhydedd i fyfyriwr a chynulleidfa fawr a chanu da. Ond gwell na'r rhain i gyd, pobl tŷ Capal glân, ifanc, nythaid o blant a dim isio deud gras bwyd. Gwraig y tŷ yn dweud yn sydyn, 'Dechreuwch cyn iddo oeri' – esgus da rhag dweud gras.

Cyn mynd i'r ysgol Sul yr oedd y tri phlentyn a'r pregethwr yn dipyn o fêts, a chyn gorffen ein te yr oedd trefniant i'r tri ohonynt gael pas yng nghar y pregethwr i fynd i weld Nain, a oedd yn byw yr ochr arall i'r afon ym Methesda. Os y cofia i'n iawn, Rocar oedd enw'r ardal honno lle roedd Nain yn byw. Doedd ym Methesda fawr i gyd ddim tri phlentyn hapusach mewn car yn gleidio'n braf na phlant tŷ Capal Gerlan. Gyda'r cyfarwyddyd swnllyd, cyraeddasom dŷ Nain i lond tŷ o groeso, a chyn pen dim yr oeddem ein pedwar yn mwynhau'r ail de.

Wedi sychu'r llestri efo Nain a diolch ar gefn diolch, dyma gychwyn am y Gerlan am oedfa'r nos a'r gynulleidfa fawr. Dyna ddiwrnod perffaith, meddyliais; pregeth go dda heno a gwell pregethu ac mi fydd hwn yn Sul i'w gofio. Ond na; wrth ddringo'r allt am y Carneddi dacw gymylau o fwg gwyn, gwan yn codi o drwyn y Vauxhall. Dechreuodd y car besychu. Deallodd y plant fod rhywbeth mawr wedi digwydd, dechreuodd y triawd grio'n uchel. Yr oedd pobl mewn dillad dydd Sul yn pasio'r tu arall heibio – 'Pwy ydi'r dihiryn yma efo'r plant bach yna?' Darllenwn eu meddyliau.

Âi'r crio'n uwch a phob ffenast o led y pen. Sefais yn fud yn y mwg wrth drwyn y car. Agorodd drws y tŷ gyferbyn a daeth dyn yn ei ddillad gwaith ataf – dyn heb siafio na molchi ers dyddiau er ei bod yn bnawn Sul ym Methesda. Doedd yna ddim ogla oedfa nag arno staen seiat ond diolch byth yr oedd o'n deall ceir.

'Ffan belt wedi snapio,' meddai gan agor y bonet. 'Dos di at y plant yna; lle ddiawl maen nhw?'

Llwyddais i berswadio'r plant nad oedd pethau cynddrwg a throes y crio'n ochneidio ysbeidiol. Daeth y dyn o'r tŷ eto efo hosan nylon merch yn ei law, plygodd dros y mydgard, rhoes dro ar yr hosan a rhoes gwlwm bychan bach wedi'i dynhau yn dynn drwyddo – fe wnaeth y tric!

Ar drugaredd hosan nylon merch y cyrhaeddais y Gerlan y noson honno ac yr euthum adref i Gemaes. Diolch nad oedd oes y teits wedi gwawrio bryd hynny.

Dyna fu pranc olaf y Vauxhall, fy nghar cyntaf, a aeth yn gyfnewid am gar arall, Fford Popiwlar – fu erioed gar mwy amhoblogaidd na hwnnw. Rhowch imi Vauxhall unrhyw ddiwrnod!

IFAN JONES EVANS

Ffrind a Chymar Ffyddlon

Wel, ma' stori fy nghar cynta' i yn un go gymhleth, a dweud y gwir achos fel mab fferm, mi ro'dd y dewis o gerbydau a'r rhyddid i yrru'r dewis hwnnw yn ddi-ben-draw. O dractor i foto-beic, o Land Rover i gar, mae'n anodd dewis pa un oedd 'fy nghar cynta' i'. Felly, am wn i, mae'n rhaid mae'r car cynta' wnes i dalu amdano fe gyda fy arian fy hunan oedd fy nghar cynta' i, mewn gwirionedd.

Fe ddo'th y foment fawr honno bron i bedair blynedd ar ôl i mi basio fy mhrawf gyrru yn Aberystwyth ar 21 Mehefin 2002. Dwi'n cofio'r dyddiad yn iawn gan mai dyma oedd un o'r diwrnodau hapusaf yn fy mywyd. Roedd pasio'r prawf yn golygu rhyddid a'r hawl i yrru yn gyfreithlon ar yr hewl fawr, ar ôl gorfod bodloni ar yrru'r Land Rover o gwmpas y caeau am flynyddoedd!

Ar ôl gyrru 'nôl a mlaen o'r coleg yng Nghaerfyrddin am dair blynedd yn Ford Mondeo GLX 1.8 Turbo Diesel fy rhieni, ro'dd hi'n amser i fuddsoddi mewn car 'chydig yn fwy deche. Ond rhaid yw nodi bod yr hen Mondeo wedi bod yn ffrind a chymar ffyddlon i fi, fy mrodyr a fy rhieni cyn hynny hefyd.

Ar ôl neud gwaith ymchwil trylwyr i weld pa geir o'dd i ga'l ar y farchnad ond, yn bwysicach na dim, o'dd o fewn y *budget* – rhaid wedyn oedd mynd ati i chwilio am y car hwnnw. Fel rhywun sy'n dwlu ar geir, mi ro'dd y gwaith yma yn waith digon pleserus ac mi fyddai sawl awr yn pasio wrth i fi chwilota ar wefannau gwerthu ceir fel *Autotrader*.

Y car mewn golwg oedd Volkswagen Golf GT TDI 130 b.h.p., tri drws. Rhaid, felly, oedd trial cael gafel yn yr union gar yma, achos doedd dim byd arall am neud y tro. A dweud y gwir, dwi wastad wedi bod yn *fussy* pan mae'n dod at geir. Ar ôl chwilio am wythnosau, ofer fu fy ymdrechion.

Ond, un diwrnod dyma fi'n cael galwad ffôn wrth Meilyr, un o fy ffrindiau gorau sy'n digwydd bod yn gweithio mewn garej yn Nhregaron.

'Ifan, shwd wyt ti boi, wyt ti dal yn chwilio am gar?'

'Ydw, pam?'

'Wel, ma'r boi sy'n *valeto* ceir i ni fan hyn yn y garej yn gwerthu'r Golf sy' da fe, ac mae fel newydd. Dere lawr i'w weld e.'

'Fydda i lawr mewn hanner.'

Wel, bois bach, am lwc wedes i wrth fy hunan; ma'r bachan sy'n *valeto* ceir yn gwerthu'i gar, ma'n rhaid bod hwn yn un bach neis. Felly dyma fi a Dad a Mam yn 'i bwrw hi lawr i Dregaron. Mi o'n i wedi ecseitio'n lân, ac yn croesi popeth bod y car yn mynd i siwtio.

Dwi'n cofio cyrraedd Tregaron a gweld y car yn iste yn ddeche yn y sièd fach ar bwys y garej. Dyna lle'r oedd e, yn sheino ac yn lân fel camrig. Mi ro'dd y teiars yn sheino hyd yn oed, a dwi'n itha siŵr allech chi neud eich gwallt wrth edrych ar y *wing*. Fel wedodd fy ffrind, mi ro'dd e fel newydd!

Mi ro'n i wedi penderfynu, ond rhaid oedd mynd â'r car am sbin fach, jest rhag ofan.

Ma's o'r garej, trwy sgwâr Tregaron, heibio cofgolofn Henry Richard a ma's am Aberystwyth drwy roi gwd rasbad i'r car yr un pryd.

Mi ro'dd y Volkswagen Golf coch, 1.9 GT TDI 130 b.h.p., tri drws yma'n berffaith ym mhob ffordd. A hefo bron i 40,000 o filltiroedd ar y cloc, mi ro'dd digon o flynyddoedd a milltiroedd o'i flaen e. Mi ro'n i byti torri 'mola isie'r car, ond mi ro'dd y dasg fwya' ar ôl o hyd, sef trafod a haglo ar y pris. Ac mi ro'n i'n gwbod yng nghefn fy meddwl bod y car penodol hwn yn mynd i fod yn ddrud, gan ei fod mewn cyflwr mor dda.

Ta beth, 'nôl â ni a dyma fi'n gofyn y cwestiwn mawr.

'Wel, faint ti isie amdano fe 'de?'

A dyma'r ateb yn dod yn syth, 'Wyth a hanner!'

Ie, wyth mil a hanner o'dd e'n feddwl! Arian mawr, yn enwedig gan mai newydd ddechre gweithio o'n i.

'*No way*, mae e'n llawer rhy ddrud fan'na,' medde fi. 'Alla i byth talu gymaint â hynna, 'achan.'

'Wel, mae lan i ti, ond na faint 'wy isie amdano fe!' o'dd yr ateb ges i 'nôl.

Ar ôl lot o siarad, haglo, edrych ar y car, dadansoddi ei rinweddau, mwy o haglo, mwy o siarad am y car a mwy o haglo, fe lwyddais i ga'l y pris i lawr i wyth mil.

Mi ro'dd e dal yn swm mawr o arian, ond mi ro'dd yr holl waith o gynilo fy mhres cneifio a fy mhres ffensio, ac yn y blaen, ar fin talu ffordd. Ma'n siŵr fod sawl un ohonoch chi'n meddwl wrth ddarllen hyn nawr, 'Pam na'th e ddim gwario ei bres ar rwbeth mwy defnyddiol, fel tŷ?' Wel, mae'r ateb yn syml, fel rhywun sy'n dwlu ar geir yn gyffredinol, mi ro'dd y cyfle hwn yn un rhy dda i'w golli.

Falle bo' chi'n meddwl fy mod i off fy mhen yn dweud hyn. Ond mi ro'dd e fel petai bod ffawd wedi dod â ni at ein gilydd achos bues i'n chwilio am fisoedd am gar fel hwn, ond mi ro'dd rhwbeth bach yn bod arnyn nhw i gyd. Roedd sawl un â meilej yn rhy uchel neu r'odd yr injan, y lliw neu'r *spec* yn anghywir, neu ro'dd y car yn rhy bell i ffwrdd, ac yn y blaen; ma'r rhestr yn faith. Ond mi ro'dd y car yma'n berffaith i fi ym mhob ffordd, ac ar stepen fy nrws i. Felly, rhaid oedd mentro a mynd amdani.

Dyna'r hyn a wnes i – ysgwyd llaw ar y ddêl, a chasglu'r car o fewn yr wythnos. Anghofia i byth y teimlad hwnnw wrth i fi yrru allan o'r garej yn gw'bod mai fi oedd yn berchen ar y car coch hwn.

Er nad yw'r car gen i bellach, heb amheuaeth, dyma oedd un o'r ceir gorau i fi eu gyrru erioed. Na'th e byth fy ngadel i lawr ac fe ges i lot o amseroedd da yn y car bach coch, yn teithio 'nôl a mlaen o Gaerdydd i whare pêl-droed, yn teithio adre i helpu ar y fferm a lot mwy. Ac i fi, mi ro'dd e'n fwy na jest car – mi ro'dd e'n berson, yn ffrind ac yn gymar ffyddlon. Ond yn bwysicach na dim, hwn oedd fy nghar cynta' i!

BUDDUG MEDI

O diar!

Blynyddoedd caled oedd rhai'r Ail Ryfel Byd: fy nhad yn y fyddin – yn yr Almaen, yn amlach na pheidio – a Mam a minnau'n byw yn y Carchardy, Carrog, ar lan afon Dyfrdwy. Carchar Owain Glyndŵr, a byddai gan Mam hanesion am yr arwr hwnnw. Pum swllt ar hugain yr wythnos (£1.25) a gâi gan y wladwriaeth i'n cadw ni'n dwy. Anfonai barsel o fwyd ac anghenion i 'Nhad yn aml. Byddai'n rhoi gwersi piano yn y cartref. Câi 9d am bob gwers (4½c heddiw).

Arfer bron pob oes cymharol ddiweddar, mae'n debyg, yw rhoi ychydig o bres i blant 'brynu fferins'. (Doedd hufen iâ ddim wedi cyrraedd tan yn hwyrach.)

Yr wythnos y'm ganwyd, agorwyd cyfrif yn fy enw yn y Cynilion Cenedlaethol yn Swyddfa'r Post, Carrog (sydd wedi diflannu yn enw datblygiad). Pob ceiniog a dderbyniais, âi Mam â nhw i'r cyfrif cynilo.

Yn ffodus, bûm yn llwyddiannus ar y prawf gyrru ar 31 Rhagfyr 1959 yng nghar fy rhieni ar y cynnig cyntaf. Ond yn ddistaw bach, cofiaf i'r arholwr ddweud, 'I can just about pass you!' O diar!

Wrth wynebu'r tymor olaf yn y Coleg Normal, Bangor, edrychais ar gyfanswm fy nghynilion. Roedd pris car Mini newydd sbon yn chwe chant o bunnau. Roedd fy nghynilion yn ddigonol!

Roedd dwy garej yn y Bala yn gwerthu ceir ond dim ond un yn gwerthu ceir Mini. Roedd y rheini yn newydd ar y farchnad, yn ffasiynol i un fel fi a ddechreuodd ddysgu yn 19 oed. Ond doedd perchennog y garej arall ddim yn hapus o gwbl, er i mi ddangos teyrngarwch iddo drwy brynu petrol ganddo, a fo yn unig. Gwaeddodd ar ryw gwsmer a safai wrth fy nghar newydd sbon – FFF 55: 'Gwyliwch y tun samon 'na!'

Effeithiodd hynny ddim arna' i a daliais i brynu petrol ganddo.

Yn y car bach glas y teithiais i ymweld ag Ysgol Llanbryn-mair cyn iddi gau ei drysau am yr haf, ac i drefnu llety. Aeth popeth yn hwylus – cael croeso gan y prifathro, Harri Roberts, ac athrawes y plant lleiaf, Varina Williams, a'r plant annwyl. A chael lle i aros yn Nolgoch, Talerddig, cwta ddwy filltir o'r ysgol – a garej i letya'r Mini! Yn ystod yr wythnos teithiwn drwy garedigrwydd John Davies, Dôl Afon, gyrrwr car y plant ysgol. Beth am asesiad risg?! Dim ôl traed carbon cyn bod sôn amdanynt. Yn fuan wedi dechrau dysgu, a minnau'n rhoi'r car bach i mewn yn garej Dolgoch lle byddai Mrs Sadie Davies, Ann, ei merch, a Huw, ei mab, yn groesawgar dros ben, gwelwn ddau ddyn â golwg swyddogol arnynt.

'Helô, Miss Medi ie?'

'Ie.'

'Car bach neis gynnoch chi. Hefo pwy 'dech chi wedi'i insiwrio fo?'

'Wel . . . y . . . dwi ddim yn cofio'r munud yma . . .'

'O, peidiwch â phoeni. Meddwl oedden ni'n dau y basech chi'n tynnu insiwrans allan at y diwrnod y byddwch chi'n priodi.'

'Priodi? Wn i ddim wna i briodi. All neb ragweld y dyfodol!'

'Dowch o 'na, 'dech chi'n siŵr o briodi ryw ddydd, does na'm golwg hen ferch arnoch chi!'

'Na, dwi ddim am fentro i'r cyfeiriad yna, diolch yn fawr.'

Welais i ddim cip ar y ddau ddyn insiwrans wedyn a chlywais i 'run gair am insiwrans priodi na chynt na chwedyn. Ond roedden nhw'n iawn ynglŷn ag un peth – nid hen ferch mohonof!

Cysgwn yn Nolgoch, Talerddig, uwchben y garej lle y llechai'r car bach. Un noson dywyll yn y gaeaf, ro'n i'n gorwedd yn fy ngwely a dyma glywed lleisiau y tu allan. Lleisiau llanciau. Yna daeth dyrnaid o gerrig mân at wydr y ffenest lofft. A llais yn gweiddi, 'Miss Medi!' Ugain oed oeddwn i ar y pryd ond roedd yr oes yn ddigon ffurfiol, mae'n debyg. Swatiais dan y carthenni a chymryd arnaf gysgu (O'n i'n ddiniwed, dudwch?) Oni bai am y noson honno yn Nhalerddig fyddai gen i ddim profiad o'r hyn a elwid ers talwm yn 'mynd i gnocio'.

Symudais i ysgol arall yn Sir Drefaldwyn – Penffordd-las neu 'Staylittle'. 'Stay very little' oedd hi yn fy hanes i gan fod nifer y plant yn lleihau hyd yn oed yn yr oes honno. Pan ddown i lawr o'r Stae am Lanbryn-mair byddwn yn diffodd y peiriant i arbed tanwydd. A hwnnw, os iawn y cofiaf, yn llai na dau swllt (10c) y galwyn ar y pryd.

Ambell fin nos byddwn yn gofyn i wraig annwyl y llety, Mrs Sadie Davies (a hithau'n fy ngalw i'n 'Miss Medi'):

'Ble garech chi fynd yn y Mini heno?'

A'r un ateb a gawn bob tro: 'O gwmpas y tai lle mae pobl sy'n ddyledus i Robert 'y ngŵr, pan oedd o'n fyw ac yn cadw'r garej yma.'

Ac felly y byddai. Gwraig weddw yn hel dyledion. Ymhen blynyddoedd wedyn clywais gan wraig y prifathro, oedd erbyn hyn wedi symud i'r Wyddgrug: 'Pan aethoch chi o Dalerddig i ddysgu ym mhen arall y Sir, fe ddudodd Mrs Davies Dolgoch amdanoch, "Dwi wedi colli merch." Gwraig annwyl!'

Ces gynnig ddwy swydd gan James Davies,

Cyfarwyddwr Addysg Maldwyn. Un swydd yn Ysgol Uwchradd Llanfair Caereinion i ddysgu Saesneg a Hanes a'r swydd arall yn Ysgol Ffordd Berriw, y Trallwng. Roedd gen i gysylltiadau â'r Trallwng. Ro'n i'n aelod o'r Gymdeithas Gymraeg yno ac i'r Trallwng yr es. Roedd hi'n oes wahanol yr adeg honno – rhai o'r athrawon yn uniaith Saesneg. Fawr o Gymraeg ar y radio. Dim sôn am S4C, dim ond rhaglenni Saesneg i'w trafod fel *That Was the Week that Was!* Roedd jôcs y stafell athrawon yn rhai amlwg a diniwed megis, 'Sut y gellir cael pedwar eliffant pinc i mewn i gar Mini?' A'r ateb wrth gwrs, 'Dau yn y cefn a dau yn y blaen!' Y Bonwr T. Elwyn Davies oedd y pennaeth urddasol.

Ymhen mis neu ddau wedi i mi ymgartrefu yn y Trallwng bu farw Nain, mam fy Nhad. Roedd yr angladd ar ddiwrnod ysgol felly teithiais ar wib ganol bore am Garrog lle cynhelid y cynhebrwng. Cyn i mi gyrraedd Cegidfa digwyddodd y peth rhyfedda' a brofais erioed wrth yrru cerbyd. Trodd y Mini bach glas mewn cylch a wynebu 'nôl am y Trallwng! Pwy oedd yn dod i'm cyfarfod (cyn i mi droi mewn cylch) ond y Cyrnol Len Jones, milfeddyg o Lanfyllin. Roeddwn wedi cael cacen siocled, os iawn y cofiaf, yn rhodd gan Sarah lle y lletywn – gwraig hawddgar, gynt o Ryduchaf, y Bala – y gacen yn rhodd ar gyfer y te cynhebrwng. Yn wyrthiol, ni symudodd fodfedd. Mewn doethineb, parciodd Cyrnol Len Jones ei gerbyd a cherddded tuag ataf.

'Oeddet ti'n gyrru dipyn bach,' meddai'n gynnil.

Doeddwn i, na'r car, na'r Cyrnol, na neb ddim gwaeth. Ces un eglurhad am y digwyddiad. Roedd gwynt y teiars yn hynod anwastad!

Yr adeg honno, teimlwn yn weddol hyderus i ganu'r delyn a gefais yn anrheg Nadolig gan fy rhieni pan oeddwn yn ddisgybl yn Ysgol y Merched, y Bala. Telyn lawn maint. Ces wersi gan Alwena Roberts, Telynores Iâl. Ond sut oedd cael telyn i mewn i gar Mini? Tynnodd fy Nhad y sêt flaen wrth ochr y gyrrwr o'r cerbyd dros dro. Llithrodd y delyn i mewn yn ddidrafferth. Pan es i â'r Mini mor agos ag y gallwn at borth Eglwys y Santes Fair, y Trallwng, un mis Rhagfyr a chario'r delyn at yr allor (gyda chymorth rhai parod eu cymwynas), wyddwn i ddim, er mawr gywilydd i mi, i William Morgan, Tŷ Mawr Wybrnant, Penmachno, fod yno'n ficer. A minna'n athrawes yn y dre ac yn ymddiddori'n fawr mewn hanes. O, diar! Roedd disgybl, Nia Roberts, a ddangosai addewid ym myd llefaru yn cyflwyno 'Y Doethion' gan I. D. Hooson. Cyfeiliais iddi ar y delyn gan ddewis 'Ffarwél y Telynor' gan John Thomas. Bu Nia yn athrawes yn Ysgol Dafydd Llwyd, y Drenewydd, am flynyddoedd lawer.

Dwi ddim yn cofio i mi ganu fawr ar y delyn ers hynny - ychydig yn fy nghapel yn y Bala ar drothwy Gŵyl y Geni ac erbyn meddwl roedd 'Ffarwél y Telynor' yn addas.

Ble bynnag yr awn yn ystod y blynyddoedd hynny, âi'r Mini bach â fi. Dwi'n cofio mynd i Ffair Ffyliaid

Llanerfyl, a gweld un stondin yn unig yno, ond y lle'n llawn o bobl. Mae cred ym Maldwyn, os na chewch gariad yn Ffair Ffyliaid Llanerfyl, phriodwch chi fyth. Wel, mi ges i gariad yno. Ond hen lanc yw'r cariad hwnnw hyd heddiw!

Penderfynodd ffrind coleg, Myfanwy Davies o Bentre-cwrt, Llandysul, a minnau, deithio i Gaeredin am wythnos o wyliau. Yn y Mini bach, wrth gwrs. Doeddwn i ddim yn orhyderus i deithio mor bell ac i ddefnyddio'r draffordd, a dweud y lleiaf. Doedd Myfanwy ddim yn gyrru car. Roedd y cyfrifoldeb i gyd arna' i.

Yn fuan ar ôl cychwyn daethom at gylchfan yn Lloegr na welais erioed mohoni o'r blaen. A dyma ddatgelu cyfrinach y blynyddoedd – yn fy nerfusrwydd es o amgylch y gylchfan o chwith. Gwaeddodd rhyw ddynes a safai yno:

'You're not fit to be on the road!'

O, diar!

Dyma gyrraedd y llety yng Nghaeredin yn gwbl ddidramgwydd, parciais y car y tu allan i'r gwesty. Yno yr arhosodd nes yr oedd hi'n amser troi am adre. Defnyddio'r bws wnaeth Myfanwy a minnau ym mhrifddinas yr Alban.

Eisteddwn yn y Mini y tu allan i ragbrawf cerdd mewn Eisteddfod Genedlaethol. Daeth datgeinydd pur amlwg ataf a gofyn, 'Ble gest ti'r tun samon yma? Mi allwn i 'i agor o hefo *tin opener*!' Dyma'r ail a'r olaf i alw'r car bach glas yn dun samon. Gwenu wnes i.

Ble gawn i barcio'r car ar brif stryd y Trallwng lle y lletywn? Wel, roedd yna agoriad cyfleus iawn i gyfeiriad Castell Powys wrth ymyl – agoriad dibwys fel y tybiwn. Lle hwylus ar y naw. Ymhen rhai misoedd daeth llythyr – dwi ddim yn cofio gan bwy, ond bod y llythyrwr yn deall bod fy ngherbyd yn cael ei barcio lle na ddylai. O diar! Rhaid oedd chwilio am garej yn y dre. Gwyddai aelod o staff yr ysgol am un a oedd yn gosod rhes o unedau garej ar rent. Daw rhywun bob amser i helpu. Cefais afael ar y gŵr – perchennog garej wag. Dangosodd yr uned i mi yn yr eira mawr yn 1963. Y gost? 8 swllt (40c) yr wythnos. Dyna ddod i ddealltwriaeth ar unwaith. Dwi ddim yn cofio enw perchennog y garej ond edrychai fel petai wedi cyrraedd ei bensiwn flynyddoedd ynghynt. Ymhen wythnos neu ddwy o dalu rhent ces lythyr ganddo. Dwi ddim yn cofio'i gynnwys ac eithrio'r diweddglo: 'Yours for ever and ever . . .' Y creadur. Mae'n rhaid mai merched yn eu hoed a'u hamser oedd y tenantiaid eraill. Ond da oedd cael to a chysgod i'r Mini yn heth gaeaf 1963.

Cododd rhyw ysfa ynof i brynu bwthyn yn y wlad. Rhywle diarffordd. Wedi dod yn ôl i Feirion i ddysgu yn Ysgol Maesywaen, rhwng Rhyduchaf a Llidiardau, doedd dim yn gwneud tro ond dod o hyd i hen fwthyn i'w brynu a'i atgyweirio. Âi'r Mini bach â fi hyd lwybrau (nid ffyrdd) cwbl anhygyrch. A dyma deulu'r Wenallt, Cefnddwygraig, yn sôn am hen ffermdy'r Cornele. Ro'n i am ei weld! Roedd gen i gynlluniau ar ei gyfer, cyn ei weld! A dyma gychwyn yn y Mini hefo'm rhieni – rhai eithaf anturus fel finnau. Wedi cau'r siop (siop sgidiau yn y Bala oedd fy nghartre) dyma fynd i fyny am y Wenallt a dilyn y teulu o'r fan honno ar hyd llwybr digon cyntefig am Cornele. Pe bai hi'n noson braf o haf byddai'r daith wedi bod yn llawer haws. Daeth sŵn rhyfeddol o'r injan fel anifail yn bwrw bygythion. Roedd y Mini yn sownd yn y ddaear wlyb, a'r olwynion yn troi o danyn, heb symud, dim ond chwalu mwd ar ben pawb. Rhoddodd Mrs Jennie Jones, y Wenallt, ei chorff ar foned fy nghar. Roedd hi'n chwerthin dros y lle yn y tawelwch diarffordd uwchben Llyn Tegid; chwerthin wnaeth pawb. Ni welsom gip ar Gornele y noson dywyll honno. Bu'n rhaid ildio i wlybaniaeth y llwybrau a throi am adre.

Ond doeddwn i ddim am roi'r ffidil yn y to. Ro'n i am gael profiad o fyw yn y wlad. Roedd bryniau deheuol Llyn Tegid yn fy swyno.

A dyma deulu'r Wenallt yn dweud, 'Mae'r capel wedi cau! Mae 'ne dŷ capel hefyd a stafell i gynhesu'r addoldy. Mae'r lle mewn cyflwr rhyfeddol.'

Hir fu'r disgwyl i bwyllgor Henaduriaeth Dwyrain Meirionnydd symud ymlaen i roi'r lle ar y farchnad.

Doedd dim ffordd at gapel Cefnddwygraig. Dim ond llwybrau. Dim trydan. Dim dŵr ond ffynnon Tŷ Capel. Rywsut neu'i gilydd llwyddodd y Mini i gyrraedd y lle. Peth garw yw ieuenctid. Dyw gwaed ifanc ddim yn gweld anawsterau. Roedd ysbryd ifanc yn llywio fy rhieni hefyd. Wedi oes o aros, ces wybod mai 'dau yn unig oedd yn y ras', chwedl y gerdd boblogaidd honno gan adroddwyr ers talwm – y Comisiwn Coedwigo (neu'r Llywodraeth, os mynnwch) a fi. Llwyddais i brynu'r lle – y capel M.C., bwthyn y gofalwr (cegin, pantri a llofft), stafell gynhesu'r capel, a gardd o gryn faint. Hyn oll am £105. A dyma ddechrau ar y capel ei hun. Gwnâi ystafell braf i ymlacio ynddi ond rhaid oedd cael mwy nag un llofft – tair. Dwy yn ychwanegol at un wreiddiol y Tŷ Capel, lle ganwyd Margaret Ann Jones ar fore Sul (Miss Jones Siop Fferins ar Stryd Fawr y Bala wedi hynny). Rhyw Mr Hughes o Henllan a bregethai'r bore hwnnw, ac fe ddywedodd: 'Mae'r ferch fach wedi cyrraedd mewn pryd i'r oedfa!'

Rhaid oedd codi'r to i roi uchder i'r llofftydd newydd. Dôi lorïau o Wrecsam â defnyddiau adeiladu, a'u dadlwytho yn y Wenallt, yna dôi Wyn a Dei (y meibion) â'r cyfan ar dractor at y capel – yn niffyg ffordd, gan groesi'r Mynydd Bach. Byddai dringo hwnnw'n ormod i'r Mini.

Wedi cwblhau'r adeilad, ei droi'n annedd, dyna wneud ffordd. Byddai unrhyw deulu rhesymol gall wedi cychwyn felly. Ond na, roedd ysbryd anturus yn ein gwaed a rhaid oedd gwireddu'r freuddwyd cyn gynted â phosib. Rŵan gallai'r Mini bach deithio'n ddirwystr rhwng y Bala a Chefnddwygraig gan fwynhau golygfeydd godidog Llyn Tegid.

Es â merch ifanc oedd yn cynorthwyo yn siop fy

rhieni adre un pnawn i Gwmtirmynach. Doeddwn i ddim yn gyfarwydd â'r ffordd gul, wledig, i fyny i'r ffermdy lle roedd Gwenda'n byw efo'i theulu. A dyma gyrraedd llidiart ar draws y ffordd. Dyma benderfynu gollwng Gwenda wrth y giât, a throi'r car yn ôl am y Bala.

Aeth y car bach yn sownd yn y ddaear wlyb. Yr olwynion yn troi o danyn. Fedrwn i ddim mynd yn ôl nac ymlaen. Sut awn i'n ôl i'r Bala? Dwi'n cofio bodio a chyrraedd yn saff. Ond pan aeth fy nhad â mi at y car – wedi cau'r siop y noson honno – roedd y ffermwr parod ei gymwynas wedi tynnu'r Mini o'r mwd hefo'i dractor. Be fyddai'n hanes ni heb bobl gymwynasgar?

Yn ddeunaw oed, ac ar fy mlwyddyn gyntaf yn y coleg, ces wahoddiad gan Sister Emily Roberts i gynnal oedfa hefo cyd-fyfyrwyr yn Noddfa, Sgubor Goch, Caernarfon. Aeth y si ar led fy mod i'n pregethu. A hyd y dydd heddiw rwy'n dal ati.

Mae yna gapel enfawr yng ngogledd Cymru – neu'n fwy cywir, yr *oedd* yno gapel enfawr. Mae wedi'i ddymchwel erbyn hyn a'r gynulleidfa'n defnyddio un o'r festrïoedd. Poendod i mi oedd parcio yno. Allt serth i gyrraedd y lle, dim lle i droi'r car wedyn.

Un nos Sul tywyll yn y gaeaf, gwelais gyfle i barcio'r Mini mewn cilfan ger rhyw dŷ yng ngwaelod allt y capel. Roedd bin olwyn yno lle gallwn adael y car bach glas. Allan â fi, a symud y bin sbwriel i un ochor, a chael lle hwylus i barcio. Ond y tro nesaf i mi bregethu yn y festri honno, roedd trigolion y cartref lle ro'n i wedi bod mor ddigywilydd â symud eu bin olwyn wedi gosod boncyffion go fawr ar hyd mynediad y gilfan – arwydd o rwystro'r un pregethwr rhag parcio.

Doedd dim amdani ond gyrru i fyny'r allt serth a cheisio troi'r car wedi cyrraedd y brig. Safai carreg arw fel cofgolofn fer wrth wal y fynwent. Dyma droi gorau y gallwn. Dyma sŵn rhygnu. Ro'n i wedi bachu yn y garreg arw a honno wedi tolcio a thyllu adain chwith y Mini. Daeth un o'r blaenoriaid ataf:

'Mae'r garreg wedi sefyll yn y fan yna erioed, ond does neb wedi mynd yn ei herbyn o'r blaen!'

Dwi ddim wedi pregethu yno wedyn. Dwi'n dal i ddisgwyl gwahoddiad. O, diar . . .

GARI WYN

Priodas hapus

Mae'r mwyafrif o fechgyn cefn gwlad Cymru sydd wedi eu magu mewn cymuned amaethyddol ei naws yn debygol iawn o fod yn coleddu hoffter cynhenid tuag at geir. Yn enwedig felly os bu iddynt brofi eu plentyndod yn ystod pumdegau a chwedegau'r ganrif ddiwethaf. Er gwell neu er gwaeth rydw i yn un o'r rhai hynny. Fel mab i Hedd Gwyn Jones, garej Glasfryn, ger Cerrigydrudion, roedd hi'n anochel y byddwn i a'm brawd (a aned saith mlynedd yn ddiweddarach na fi yn 1962) yn cael ein trwytho yn y diwylliant hwnnw a oedd yn dangos cymaint o barch ac edmygedd tuag at geir cyflym y cyfnod, yn ogystal â'r dynion hynny o fewn y gymuned honno a oedd yn treulio eu hamser hamdden a chyfran o'u galwedigaeth yn dysgu'r grefft o drin injans a thrwsio ac atgyweirio ceir o bob math.

Roedd fy nhad wedi bwrw ei brentisiaeth yn trin injans yn ystod ei dair blynedd a hanner yn India rhwng Ionawr 1942 a diwedd haf 1945. LAC oedd ei safle o fewn y Llu Awyr Prydeinig. *Leading Aircraftsman Technician* oedd ystyr y llythrennau yma. Dysgodd drwy ei ddyfalbarhad ei hun i drin pob math o injans petrol, diesel a TVO. Injans *side valve* oedd ei arbenigedd a chyn i'r tanciau kerosene gychwyn ar eu siwrnai o New Delhi i Nepal ac at draed yr Himalayas, fe gawsant y cyfrifoldeb o arolygu'r gwaith o wasanaethu'r cerbydau. Tra oedd yn Loughor yn gweithio ar injan awyren mewn *pit* (twll tanddaearol) yn 1943, fe ffrwydrodd injan uwch ei ben ac fe losgodd ei wyneb. Treuliodd dri mis yn ysbyty'r ddinas cyn dychwelyd i'w waith. Treuliodd weddill ei oes hyd ei farwolaeth yn bedwar ugain oed yn y flwyddyn 2000 yn gweithio ar injans a blychau gêrs.

Dyma yn y pen draw sy'n egluro'r ffaith fy mod innau wedi treulio fy ngyrfa yn prynu a gwerthu ceir ac yn bwysicach fyth, yn mwynhau gwneud hynny. Dros y deugain mlynedd a aeth heibio ers i mi basio fy mhrawf gyrru yn y Bala, mae'n rhaid i mi gyfaddef 'mod i wedi gwario mwy na siâr dyn cyffredin ar geir cyflym! Gan fy mod wedi dechrau prynu a gwerthu tra oeddwn yn fyfyriwr yn Neuadd John Morris-Jones,

Bangor, fe gynyddodd y clefyd yn fy ngwaed. Rhwng fy mhen-blwydd yn un ar hugain ac wyth ar hugain oed, bûm yn berchen ar wyth Ford Escort RS 2000 (MkI a MkII). Roedd pob un yn fuddsoddiad da gan eu bod yn un o'r modelau prin hynny a oedd yn cynyddu yn eu gwerth yn hytrach na disgyn fel plwm! Prynais y cyntaf am £2,700 a'r olaf am £3,600. Llwyddais i ennill rhwng £200 a £300 o elw gyda phob un ohonynt. Y rhain yn y pen draw oedd sylfaen ariannol y busnes a sefydlais fel Ceir Cymru wyth mlynedd ar hugain yn ôl!

Fe ddylwn ddweud 'mod i wedi bod yn berchen ar sawl car cyn 'mod i'n ddwy ar bymtheg oed! Gan fy mod yn byw yn y wlad uchaf (mae garej Glasfryn fil o droedfeddi uwchlaw'r môr ac ar droed mynydd-dir Hiraethog) roedd yna ddigon o ffyrdd troliau yn arwain i'r mynyddoedd, a hynny heb orfod defnyddio ffyrdd cyhoeddus! Y pwysicaf o'r ceir hynny oedd yr Austin bach! (Model A35 wedi'i gofrestru yn 1959). Cefais hwn gan fy nhad oherwydd bod y lloriau wedi rhydu! Roedd modd gweld y ddaear a'r awyr iach heibio'r tyllau mawr a oedd wedi dod i'r golwg rhwng y *clutch* a'r brêc troed.

Yr Austin bach du oedd yr anrheg orau ges i erioed. Mi beintiais ei gorff gyda brwsh, yn sgwariau du a gwyn mawr, ac am dros ddwy flynedd ar ôl imi ddathlu fy mhen-blwydd yn dair ar ddeg fe welwyd y car bach yn mynd o gwmpas caeau Tyn y Waen a'r Cerniogie Bach ar wib gyson, a phan oedd fy mam a'm tad wedi mynd am dro i rywle ambell gyda'r nos yn ystod yr haf, roedd y car bach yn mynd ar gyflymdra fymryn ynghynt!

Ta waeth! Roedd hanner cyntaf fy mlwyddyn gyntaf yn y chweched dosbarth yn Ysgol Dyffryn Conwy yn gyfnod o fyw er mwyn un rheswm yn unig. Y rheswm dros fyw oedd gallu pasio prawf gyrru a mwynhau'r rhyddid a oedd yn rhwym o ddod i ran bachgen o Uwchaled unwaith y cawsai ganiatâd swyddogol i deithio ar hyd yr A5 heb ddreifar profiadol na neb arall wrth ei ochr. Cefais fy mhen-blwydd ar 18 Ionawr a do, fe basiais fy mhrawf gyrru ar 2 Chwefror! Roeddwn wedi gobeithio ei sefyll ar ddiwrnod fy mhen-blwydd ond roedd y rhestr aros yn rhy hir!

Yn dilyn hynny fe gefais ddwy flynedd o ddreifio pa bynnag gar oedd gan fy nhad ar fy nghyfer. Roedd ganddo dri neu bedwar o hen bethau digon blinedig yr olwg yn y garej ac fe fyddai'n caniatáu i mi ddefnyddio un ohonyn nhw. Ond mi roeddwn i yn dipyn o swnyn a chwynwr. Wedi ennill Mam ar fy ochr, a minnau bellach yn fy mlwyddyn gyntaf yn y brifysgol, mi wyddwn fod gobaith i mi ennill ei dosturi, yn enwedig felly pe buaswn yn gallu cael hyd i gar rhad a'i bris yn is na beth oedd ei wir werth. Roeddwn ers peth amser wedi ymgynefino â darllen papurau newydd Lerpwl a Sir Gaer yn ogystal â chylchgrawn y *Motoring News* a'r *Denbishire Free Press*. Pob nos Wener roedd y papurau hyn yn cyrraedd ein cartref ym Mryn Llaethog, a byddwn i a 'nhad yn pori'n rheolaidd trwy'r colofnau ceir ail-law yn chwilio am fargen. Mater o amser fyddai hi cyn y byddai Tref, fy mrawd bach, hefyd yn ymgynefino â'r arferiad yma!

Wedi hir chwilio, daeth rhywbeth go sbesial i'r brig un nos Wener a daeth gobaith o wireddu fy ngobeithion! Dyma'r cerbyd yr oeddwn i'n ei eilunaddoli a hwnnw am bris bargen! A'i bris yn £250, fedrwn i ddim ei roi heibio! Ford Cortina MKI gwyrdd a'i injan, yn ôl disgrifiad yr hysbyseb, wedi rhoi clec farwol. Cerbyd wedi'i gofrestru yn 1966.

Fy arwr personol i o fewn y byd ralïo ar y pryd oedd y diweddar Roger Clarke. Fo oedd prif ddreifar Ford a phencampwr ralïo Ewrop sawl gwaith. Roedd rali fwyaf Prydain, yr RAC, yn defnyddio ein garej yng Nglasfryn fel man ail-lenwi petrol yn ogystal â bod yn bwynt gwasanaeth. Digwyddai'r cyfan ym mherfedd nos yn ystod Rhagfyr ac mi ges i'r fraint o siarad â'r brenin ei hun deirgwaith a llenwi tanc ei Lotus Cortina.

Does ryfedd yn y byd felly mai Cortinas yr oeddwn i'n breuddwydio amdanyn nhw.

Roedd y cerbyd gwyrdd golau metalig yn fersiwn dau ddrws ac ar ôl ei brynu (yn ochrau Queensferry) roedd yn rhaid mynd ati i wneud rhai newidiadau iddo. Roedd angen olwynion lled 6 modfedd, teiars ar gyfer y byd rali ac roedd angen cael gwared â'r bathodynnau XL a gosod rhai melyn a gwyrdd (oedd i'w cael ar y fersiwn Lotus y car). Yn fwy na hynny, roedd yn rhaid peintio'r panel dwfn a oedd yn rhydu o un pen i'r llall ar hyd ochrau'r car yn wyn. Penderfynais ailbeintio'r olwynion dur hefyd drwy ddefnyddio lliw aur gilt. Roedd y cerbyd yn ddigon o sioe felly, ond roedd un dasg yn aros.

Doedd Cortina trawiadol gyda'r trimins i gyd arno yn dda i ddim i neb heb injan a oedd yn gweithio! Yn digwydd bod, roedd yna injan ail-law OHV (falfiau ar ben yr injan) yn iard sgrapio ceir Betws Gwerful Goch. Oedd, roedd Eifion yn ysgafnhau pocedi modurwyr Sir Ddinbych o un pen i'r llall, ac wrth wneud ceiniog neu ddwy roedd o hefyd yn rhoi cyfle i mi orffen yr her . . . mmm . . . wel . . . rhoi cyfle, efallai, i mi orfodi fy nhad i osod yr injan tra oeddwn i yn pasio'r sbanars. Er fy mod i wedi treulio llawer o amseroedd yng nghwmni fy nhad yn cyflawni pob math o bethau, rydw i'n tybio mai dyma'r unig dro y bu i mi weithio go iawn ar waith mecanic hefo fo. Roedd o'n aml yn flin iawn hefo'i fab oherwydd gwyddai ei fod yn well gan hwnnw ddarllen llyfrau na throi sbanars!

Ar ôl tanio'r injan roedd y cerbyd yn barod i hwylio! Mae'r wefr o ddreifio am y tro cyntaf yn fyw yn fy nghof a thros y misoedd nesaf cefais oriau o bleser yn crwydro 'nôl a mlaen o Lasfryn i Fangor ac ar hyd a lled Cymru. Roedd y car hefyd yn fagned i ennyn cwmni merched glandeg y fro, a beryg bod y car yn denu mwy na'r dreifar! Roedd lifar y blwch gêrs yn hir ac ar dro, felly, ar ôl tipyn o amser, cefais afael ar becyn addasu a newidiais y lifar gêrs i ddull Lotus.

Roedd y car rŵan yn llawer mwy cŵl ac yn fwy o hwyl i'w ddreifio. Pan oeddwn yn ymweld â dawnsfeydd nos Sadwrn Canolfan Bro Aled yn Llansannan, roedd hogiau gwyllt y wlad uchaf yn sgrialu ar hyd y cae pêl-droed yn eu ceir ac yn gwneud tro brêc llaw o gwmpas y polion gôl. Prin oedd y sawl a fedrai berfformio'n well na'r Mark One! Roedd hon yn gamp fentrus a pheryglus ac, wrth gwrs, yn gamp hollol anghyfrifol! Ond myn diawl, roedd hi'n gythgam o hwyl i'r sawl a oedd yn ei chyflawni!

Os cofiaf yn iawn, y newid olaf un a wneuthum i'r Cortina oedd gosod clociau Lotus ar ben y dashfwrdd. Roedd pedwar cloc bychan crwn yn cyflawni amrywiol ddyletswyddau yn sefyll ar ben dashfwrdd pob Lotus gwreiddiol. Roedd y trawsnewidiad, felly, yn gyflawn (oni bai am y ffaith fod yr injan 1500cc yn dipyn llai pwerus nag injan *twin camshaft* y Lotus go iawn). Er mwyn gwneud i'r injan swnio'n ffyrnicach, roeddwn wedi tynnu bafflau distewi allan o berfedd y tawelydd tu 'nôl (*rear silencer*). Roedd y twrw hwnnw ynghyd â miwsig y Rolling Stones oedd ar y chwaraewr wyth trac yn gwneud i mi deimlo mai fi oedd biau'r byd. Yn ystod yr haf (gyda phâr o sbectols haul tywyll) doedd na 'run bachgen ifanc mwy trawiadol ar ffyrdd y wlad!

Yn ystod y cyfnod hwn yn fy mywyd, doeddwn i ddim yn gwario fawr ddim o'm harian ar unrhyw beth arall heblaw y Mark One. Ro'n i'n prynu fy nillad o'r ganolfan ail-law yng nghanolfan Siopa Wellfield ym Mangor, a byddai pob ceiniog sbâr a oedd gen i yn cael eu neilltuo ar gyfer y Cortina (ar wahân, wrth gwrs, i'r mymryn lleiaf a wariwn yng ngofal Wil a Mags yn nhafarn y Glôb!).

Y Mark One hefyd oedd y car a'm cludodd am y tro cyntaf i warysau watshys a chlociau digidol Cheetham Hill ym Manceinion. Aml i dro fe barciais ar ymyl y pafin yn Old Derby Street, o flaen drws ffrynt carchar Strangeways. Roedd y cerbyd yn dwyn goleuni a harddwch i dwnnel tywyll y stryd enwog honno. Yno, o flaen warws Indiaidd Hira House, fe lenwais y gist tu 'nôl gyda phob math o nwyddau ffansi; llenwi'r gist am £600 gan obeithio gwerthu'r cynnwys am gyfanswm o £700! Fe arweiniodd y fenter bersonol honno at greu profiadau eang a gorwelion newydd imi. Profiadau yn y pen draw a oedd i'm tywys ar lwybrau gwerthwr ceir ail-law yn ystod y blynyddoedd nesaf.

Parhaodd y briodas rhyngof i a'r Mark One am dros flwyddyn. Roedd hynny'n gyfnod hirach nag unrhyw briodas geir arall yr oeddwn i i'w chael nes imi fod yn 35 oed. Trodd ceir yn eitemau i'w prynu a'u gwerthu i mi ac felly nid oeddwn yn cael yr un wefr yn fy mherthynas â'r cerbydau hynny er gwaetha'r ffaith fod sawl un ohonynt, ar bapur o leiaf, yn beiriannau llawer mwy arbenigol a gwefreiddiol eu nodweddion. Doedd yr un ohonynt yn gallu meddiannu fy emosiwn fel y Cortina. Ar y cyfan, fy nghreadigaeth i oedd y car hwnnw a phan ddaeth hi'n amser ffarwelio ag o fe wyddwn y deuai deigryn i'm llygaid.

Ysywaeth, roedd prynu a gwerthu bellach yn fy ngwaed ac mi wyddwn fod yn rhaid cyfansoddi'r hysbyseb ar gyfer y *North Wales Chronicle*. Y noson gyntaf i'r hysbyseb ymddangos, daeth cnoc ar ddrws fy ystafell yn Neuadd John Morris-Jones. Roedd yr hysbyseb wedi cynnwys fy nghyfeiriad ac fe ddaeth gŵr o Gaergybi i'w weld. Wedi hanner awr yn y maes parcio roeddwn yn gwybod fod y gŵr wedi mopio. Gwn na fyddai'n rhaid i mi symud ceiniog oddi ar fy mhris gofyn a bu'r £50 o elw a wneuthum yn werthfawr iawn wrth imi ddechrau ar fy ngyrfa raddol fel gwerthwr. Wrth i mi ffarwelio gyda'r Mark One a derbyn yr arian y noson ganlynol, ychydig a wyddwn y byddwn, ymhen deng mlynedd ar hugain wedyn, wedi gwerthu dros ugain mil o geir. Ond wrth hel fy atgofion am y rhai gorau ohonynt, does dim amheuaeth mai'r Mark One oedd y pwysicaf o'r cwbl. Roedd fy mherthynas ag o wedi esblygu i fod yn rhan o'm cynhysgaeth ac felly yn rhan hanfodol o'r hyn ydwyf heddiw.

RHYS JONES

Roedd pob siwrne yn antur

Yr oedd hi'n 1948, a finnau newydd ddychwelyd adref wedi dwy flynedd o wasanaeth milwrol. Dwy flynedd hapus iawn, mae'n rhaid deud, gan dreulio'r ail flwyddyn yn rhingyll hefo'r RAEC (*Royal Army Education Corps*) mewn gwersyll reit foethus yn agos i Gaer. A gwaith eitha pwysig hefyd oedd ceisio gwella llythrennedd hogia ifanc a oedd yn dod i'r fyddin yn methu darllen yn rhugl ac yn methu delio hefo rhifyddeg syml. Profiad hyfryd oedd helpu nifer dda o fechgyn a oedd yn awyddus i fedru trin arian a symiau syml ac ennill digon o lythrennedd iddyn nhw fedru sgrifennu negeseuon at eu rhieini neu eu cariadon.

Ond fe ddaeth diwedd ar y dyddiau hynny a throi'n ôl at ddyddiau Civvy Street. Ac o fewn byr o amser, draw â fi i bencadlys Pwyllgor Addysg Sir y Fflint ac i sylw gwych y diweddar Ddoctor Haydn Williams, y Cyfarwyddwr Addysg lediodd y ffordd tuag at Addysg Gymraeg yng Nghymru – ysgolion cynradd ac yna ysgolion uwchradd a mawr yw ein dyled iddo, er na chafodd ei gydnabod yn deilwng am hynny hyd yn hyn.

Cyfweliad sydyn yn ei ystafell brysur, ac medda fo, 'Sut fasat ti'n ffansïo mynd fel athro cynorthwyol i bentref Ffynnongroyw?'

Wel, rŵan 'ta, er nad yw Ffynnongroyw ond rhyw ddeng milltir o Gaerwys (lle ro'n i'n byw ar y pryd), mi roedd y siwrne yn fwy cymhleth na hynny. Yr unig ffordd i drafeilio oedd o Gaerwys i Brestatyn, o Brestatyn i Ffynnongroyw ac yna, yn y pnawn, o Ffynnongroyw i Dreffynnon ac o Dreffynnon i Gaerwys. Y broblem fawr a oedd yn amhosibl i'w datrys oedd y siwrne foreol o Gaerwys i Brestatyn. Doedd 'na ddim bws ar gael.

Clywais wedyn fod na ŵr o'r dref yn gweithio mewn garej ym Mhrestatyn a'i fod o'n gadael am saith o'r gloch bob bore. Cysylltu hefo fo a threfnu teithio hefo fo bob bore. Cyrraedd Prestatyn tua hanner awr wedi saith y bore a dal y bws i Ffynnongroyw toc wedi wyth o'r gloch, a landio yno ryw chwarter i naw bob bore. A dyna a wnaed am rai wythnosau.

Ond och a gwae! Clywais fod y gŵr o Gaerwys am

roi'r gorau i'w swydd ym Mhrestatyn a mentro ar ei liwt ei hun. Yna, fel ffidil i'r to yr aeth fy nhrefniadau boreol. Felly, rhaid oedd chwilio am gar mewn cyfnod nad oedd rhyw lawer o geir ar gael – rhyw bum mlynedd wedi'r rhyfel. Clywais wedyn fod gŵr o Gaerwys â char bach reit handi – Austin Seven o'r flwyddyn 1932. Pwy mewn difri fasa'n prynu car mor hen â hynny heddiw? Mi roedd ei berchennog yn gofyn £120 am yr hen gar a chan nad oedd gen i glem o gwbwl am fargeinio, mi delais y pris – chwe mis o gyflog i athro ifanc dibrofiad.

Cyn i'r argyfwng teithio fy llethu, mi roeddwn i wedi cyfarfod â merch ifanc hynod ddeniadol, a ddaeth mewn amser yn wraig i mi, un a fu'n rhannu fy mywyd ers dros drigain o flynyddoedd. Felly, mi roedd cael car i drafaelio o Gaerwys i Ffynnongroyw ac yn ôl o bwysigrwydd ychwanegol.

Fe drawyd y fargen ac mi roeddwn i'n berchen ar gar. Car dwy sedd, er bod lle i rywun wasgu tu cefn i'r seddau. Roedd o mewn cyflwr difrifol o wael, fasa fo byth yn pasio prawf MOT heddiw ond fe gariodd Gwen a minnau drwy holl gyfnod ein carwriaeth. A deud y gwir, tasa'r car yn gallu siarad, mi fasa'n gwneud ffortiwn!

Doedd y brêcs ddim yn gweithio wrth facio – felly roedd yn rhaid osgoi hynny. Doedd y *windscreen wipers* ddim yn gweithio chwaith ac roedd yn rhaid eu symud yn ôl ac ymlaen o du mewn i'r car. Ac ar ben hyn i gyd, bob prynhawn roedd yn rhaid gofyn i hogia

Ffynnongroyw fy ngwthio er mwyn tanio'r injan. Doedd gan y car ddim top caled, felly mi roeddwn i'n cloi tyllau hefo Elastoplast neu rywbeth cyffelyb. Doedd dim posib o gwbl cloi'r car – felly mi roeddwn i'n codi'r bonet ac yn tynnu'r *rotor arm* allan gan wneud y car yn amhosibl i'w danio. Wnes i erioed feddwl mewn gwirionedd y basa rhywun am ddwyn car a oedd mor wael ei gyflwr.

Ond o'r diwedd, mi roedd gan Gwen a minnau gerbyd i'n tywys yma ac acw. Yn yr hen gar yr aethon ni i bob un ymarfer o Gôr Eisteddfod y Rhyl yn 1953, ac yn yr hen gar wnaethon ni fentro ar ein siwrne hiraf – y 197 o filltiroedd o Ffynnongroyw i Burnham-on-Sea lle roedd chwaer Gwen yn byw ar y pryd. Cychwyn yn fân ac yn fuan, yn llawn hyder ond yn torri i lawr yn Rhiwabon. Mentro 'mlaen a chloffi i mewn i'r garej yn Church Stretton ac yna cloffi yn nes ymlaen eto, nes i'r hen gar roi'r gorau iddi reit tu allan i garej yn nhref Llwydlo. Hen foi'n dod allan aton ni, yn gosod Gwen yn ei swyddfa ac yn mynd hefo fi am dro. O fewn rhyw ugain llath dyma fo'n deud wrtha' i am fynd 'nôl i'r garej. Mi roedd o'n gwybod yn union be oedd yn bod – rhywbeth i'w wneud hefo'r *timing*. O fewn dim o dro, mi roeddem ar ein ffordd unwaith eto. Gyda llaw, rhag ofn eich bod yn gofyn, mi ddaethon ni adre heb yr un gŵyn gan yr hen gar.

Mi roedd plant Ysgol Gynradd Ffynnongroyw wrth eu bodda hefo'r car a fedyddiwyd ganddyn nhw yn 'hen jalopi' neu'n 'matchbox on wheels'. Ymhen rhyw flwyddyn neu ddwy, fe'm hanfonwyd i ymuno â staff Ysgol Daniel Owen, yr Wyddgrug. Felly, roedd yn rhaid defnyddio'r car yn ddyddiol. Rŵan 'ta, doedd y *speedometer* ddim yn gweithio chwaith felly doedd gen i ddim syniad ynglŷn â chyflymder y car. Wrth deithio o Dreffynnon i'r Wyddgrug, sylwais ar neges fer ar ochr y ffordd – *Lay by, half a mile*. Felly, dyma fi'n gwasgu'r sbardun nes bod yr hen gar yn ysgwyd ac wrth basio'r neges *Lay by, half a mile*, yn amseru faint o amser gymerodd y siwrne at y *lay by*. Wedi hynny, dyma fi'n gweithio allan yr union gyflymder yr oedd y car yn ei gyrraedd ar ei gyflyma a dotio 'mod i di cyrraedd cyflymder o 29 milltir yr awr. Y car a finna wrth ein bodd.

Doedd y to ddim yn un saff iawn, ac ar ddyddiau glawog, mi roedd angen gorchudd o ryw fath yn y car ac weithiau, os oeddech chi'n eistedd y tu ôl i'r seddau, mi roedd yn hawdd iawn i chi wlychu rhan o'ch corff fasa'n well ei chadw'n sych.

Ond fe ddaeth amser pan o'n i'n gorfod gwario'n ormodol ar y car a rhaid oedd meddwl am gerbyd newydd. Be gefais i oedd fan A35 newydd sbon. Fe gostiodd tua £450 a bu'n ein cludo o amgylch yr ardal am rai blynyddoedd. Yn wir, yn y fan yr es i Ysbyty Llanelwy a dod â Gwen a'r newydd-anedig Caryl yn ôl i Ffynnongroyw.

Ond fe erys yr atgofion am y car cyntaf un. Roedd bob siwrne yn antur ac er 'mod i 'di gorfod gwario £20 i'w werthu am £40, melys iawn yw'r atgofion hynny.

Felly, CMA 64, diolch am ddwy flynedd o gael mwynhau dy gwmni. Mae pawb erbyn hyn yn deud na ddylwn i fod wedi dy werthu. Erbyn hyn, mi fasat ti'n werth llawer mwy na'r £120 a dalwyd amdanat.

MARI GWILYM

'Eee, by 'eck lad, that lass be Learner Driver!'

Wel, dyma i mi gowdal! Mae gofyn i mi sgwennu am fy nghar cynta', a fedra' i ddim cofio llawer amdano fo am nad oeddwn i'n hoff ohono fo!

Doedd gen i ddim awydd dysgu sut i yrru car o gwbwl, ac o ganlyniad, roeddwn i yn fy nhridegau cynnar cyn mentro gwneud y fath beth. Un o'r rhesymau am hyn oedd y ffaith fy mod i'n eithriadol o fyr o ran corffolaeth ac nad oeddwn wedi darganfod modur oedd yn fy ffitio! Ond do'n i ddim wedi deall hynny ar y pryd, dim ond medru tystio bod eistedd tu ôl i olwyn car a cheisio'i yrru yn brofiad anghyfforddus ac amhleserus iawn yr o'n i. Wedi'r cwbwl, rhyw gar o'r 'Mericia fu gan fy nhad am flynyddoedd, ac er bod sawl glaslanc lleol wedi cael caniatâd i fynd tu ôl i'w olwyn mewn cae, doedd 'na ddim pwrpas i mi fy hun fynd, achos fedrwn i'm cyrraedd na brêc na sbardun – heb sôn am y *clutch*.

Digwyddiad arall effeithiodd arna' i gan wneud i mi styfnigo fwyfwy ynglŷn â chael gwersi gyrru oedd i mi fod yn dyst i ddamwain car gafodd fy rhieni tra oeddwn i'n eistedd ar y sedd gefn ar y pryd. Digwyddodd hynny pan o'n i'n bump oed pan roddodd 'nhad ei unig wers yrru i Mam, a honno'n g'neud llanast o betha' drwy gael panig a methu dehongli cyfarwyddiada' 'nhad pan dd'wedodd wrthi fel hyn wrth ddynesu at bentre' Pontllyfni o gyfeiriad Pwllheli:

'Rŵan 'ta, 'drychwch yn y drych, Mary . . . Ia, iawn, do's 'na'm byd yn dŵad. Da iawn chi. Felna'n union ma' isio g'neud . . . Rhowch arwydd eich bod chi am droi i'r chwith i lawr Lôn Wig 'ŵan . . . Da iawn . . . Rŵan trowch . . . hei! Be 'dach chi'n 'neud?! . . . Trowch i'r chwith! Trowch i'r chwith! . . . Yr olwyn, Mary! Trowch y llyw, ddynas – i'r chwith, i'r chwith – dim i'r dde, ne' mi rowch ni i gyd yn cae! BRECIWCH! Brêc sy' isio siŵr – dim petrol! Trowch hi, trowch hi! Trowch yr olwyn ffor' 'ma i'r pen, 'fatha 'sach chi'n FYW! Damia! 'Dach chi jest â phasio Lôn Wig! Trowch hi, trowch hi, trowch hi! Ooooo'r uwd! Ma' hi 'di canu arno' ni! Sut gythra'l lwyddoch chi i roi'r bali car ar ben gwrych, 'dwch?'

Ddeudodd Mam ddim byd, dim ond sychu deigryn

o gornel ei llygaid, am 'i bod hi'n gw'bod 'i bod hi wedi g'neud llanast o gar 'nhad, a hwnnw'n meddwl y byd ohono fo. Ro'n inna' wedi dychryn yn ofnadwy a deud y lleia'. Ac ar ôl hynny, doedd gan naill na Mam na minna' chwaith ddim rhithyn o awydd dysgu sut i yrru car. Ddaethon ni i'r casgliad nad oeddan ni'n lecio ceir o gwbwl. Ro'dd yn well ganddon ni fysus.

I achub ein cam, rhaid i mi nodi ein bod ni'll dwy yn chwithig iawn erioed. Doedd 'run ohonon ni'n gallu gwahaniaethu rhwng de a chwith . . . 'nenwedig mewn argyfwng a chaeth gyfla!

Beth amser ar ôl i Mam lwyddo i yrru'r Nash Rambler i ben wal, cafodd 'nhad gar newydd. Roedd hwnnw'n un llawer mwy addas ar gyfer y tri ohonon ni – teulu bach byrgoes ag oeddem ni. Enw'r math hwnnw o gar oedd y Riley Elf. Ond er 'mod i wedi cael cynnig gwersi gyrru sawl gwaith ynddo, a hefyd yn nes ymlaen yn y Singer Chamois brynodd fy nhad ar ôl i'r car bach blaenorol gyrraedd diwedd ei oes, gwrthod wnes i bob gafael. 'Ro'n i wedi penderfynu'n derfynol nad oeddwn i am fynd tu ôl i lyw unrhyw gar byth wedyn!

Styfnigais fwyfwy a thyngu i mi fy hun y byddwn yn cadw at fy mhenderfyniad pan oeddwn yn ddeunaw oed ac ar fin dechrau ar fy ail flwyddyn yn y brifysgol. Ro'n i mor benderfynol achos un noson hydrefol, pan oedd y ffordd a nadreddai'n ôl i Fangor yn llithrig dan gwymp y dail a'r glaw, cafodd criw ohonom a oedd yn teithio mewn car o Fiwmares ddamwain barodd i bedwar allan o bump ohono' ni gael ein lluchio o'r car i bob cyfeiriad. Bu raid i ni i gyd fynd i 'sbyty'r 'C and A' mewn ambiwlans i gael triniaeth. O'm rhan i, roeddwn i'n ddu-las drostaf, wedi anafu fy nau ben-glin, a tharo fy mhen nes oeddwn i'n anymwybodol am rai munudau. Felly bu raid i mi gael archwiliad pelydr-x manwl. Stori arall ydy honno – ond er i mi fod yn ddigon ffodus i gael fy rhyddhau o'r 'sbyty'r un noson, rhoddodd y ddamwain reswm ychwanegol i mi dros beidio â gyrru car!

Gyda llaw, yn rhyfedd iawn, ar yr un noson ac yn ddiarwybod i mi ar y pryd, cafodd fy nhad ei ruthro i'r un 'sbyty yn dioddef o waedlif ar ei ymennydd a bu bron iddo golli ei fywyd. Cafodd barlys difrifol a effeithiodd ar hanner ei gorff, ei leferydd, a'i bersonoliaeth. I bob pwrpas, cyn belled ag yr oeddwn i yn y cwestiwn, pan es i'w weld y diwrnod canlynol (gan guddio f'anafiadau oddi wrth fy rhieni rhag eu poeni), teimlwn 'mod i wedi colli fy nhad. Dim ond cysgod diarth ohono a oedd ar ôl.

Roedd hyn yn anodd a dweud y lleiaf i Mam, ac yn uffern iddi ar adegau. Er ei bod hi'n nyrs drwyddedig ac wedi arfer delio â chleifion yn yr un math o gyflwr â 'nhad, stori wahanol oedd gorfod tendiad arno'n barhaus am gyfnod maith, heb *respite care* na dim yn gefn iddi. Gan ei bod hi'n nyrs mor drylwyr ac effeithiol ei gofal ohono, mi fywiodd fy nhad am ddeuddeng mlynedd ar ôl y salwch a'i trawodd. Ac nid y salwch hwnnw a'i lladdodd o chwaith fel mae'n digwydd. Ond bu'r blynyddoedd rheiny ar ôl y gwaedlif yn rhai anodd a chreulon iawn iddo, ac i ni'll tri fel teulu. Fuodd o fyth yr un fath ar ôl y salwch hwnnw. Cynigiais sawl gwaith i Mam y byddwn yn fwy na bodlon gadael y coleg i ddod adra' i'w helpu. Ond mynnodd mai ei dymuniad taeraf oedd i mi orffen f'addysg, dod o hyd i joban gall, sefydlog (mae arna' i ofn na wnes i ddim plesio fy mam druan yn hynny o beth, achos es i i actio!), 'a pheidio mynd i unrhyw drybini!'

Flynyddoedd yn ddiweddarach, tristwch teuluol ddaeth â mi at fy nghoed hefo'r gyrru. Pan oedd fy nhad ar ei wely angau ac yn dioddef hefo tiwmor enfawr ar ei ymennydd yn 'sbyty Walton, Lerpwl, bu ffrindiau a theulu yn garedig wrth fy mam a minnau – yn ein gyrru ni yno ac oddi yno'n gyson – yr holl ffordd o gyffiniau Caernarfon. Ac yn ystod y cyfnod hwnnw, gan ei bod hi'n greadures hynod annibynnol o ran natur, gresynai fy mam ei bod hi'n gorfod bod mor ddibynnol ar eraill. A chydnabûm innau wrthyf fy hun – yn gyndyn iawn – y byddai'n dda o beth ar adegau fel hyn taswn i a Mam yn medru gyrru car.

Yn syth bron ar ôl marwolaeth fy nhad yn 'sbyty Walton, cafodd Mam arddeall ei bod hithau'n wael. Roedd hi'n dioddef o gancr y fron. A gorfod derbyn y newyddion hynny fu fy nhrobwynt innau hefo'r gyrru. Achos y funud y deallais i y gallai Mam fod fy angen i'w chludo i unrhyw 'sbyty neu glinig i dderbyn triniaeth, penderfynais fod yn rhaid i mi gael gwersi gyrru, er bod meddwl am wireddu hynny'n wrthun i mi. Os oedd fy mam am orfod dioddef mwy ar ôl yr holl flynyddoedd anodd o ofalu am fy nhad yn ystod ei waeledd caethiwus yntau, teimlwn mai'r peth lleiaf allwn i, ei hunig blentyn, wneud oedd bod yn gefn iddi. Sylweddolais yn y fan a'r lle fod yn rhaid i mi wynebu fy ofn a'm hatgasedd o fynd tu ôl i lyw car, a meistroli'r dasg o ddysgu sut i yrru un o'r pethau afiach pedair olwynog rheiny – doed a ddelo.

Felly, trefnais fy mod yn cael trwydded yrru ar gyfer dysgwr . . . Wedyn, hefo hynny o gynilion a oedd gen i, es hefo Emrys fy ngŵr i chwilio am gar fforddiadwy yng ngarej Gari Wyn ym mhentre' Bethel, wrth ymyl Caernarfon, gan sicrhau y gallwn gyrraedd ei sbardun a phob darn arall perthnasol yr oedd gofyn i yrrwr fedru'i gyrraedd yn rhwydd heb roi gormod o straen ar na chyhyr na gewyn! Ar ôl gwneud yn siŵr y medrwn i weld yn glir i bob cyfeiriad yn gyfforddus drwy ei ddrychau a'i ffenestri, dyma brynu fy nghar cyntaf, sef Mini bach henffasiwn lliw arian.

Doeddwn i ddim yn hoff ohono, achos roedd o mor fychan fel nad oeddwn i'n teimlo'n ddiogel ynddo o gwbwl. O eistedd tu ôl i'w lyw, teimlwn fy mod wedi cael fy nghau mewn swigen. Ac os oedd yn gas gen i'r car, roedd meddwl am orfod ei yrru yn gwneud i mi deimlo'n benwan hollol – 'nenwedig o 'styried na allwn ddeud y gwahaniaeth rhwng de a chwith. Ond gwyddwn i sicrwydd erbyn hynny mai ei feistroli oedd rhaid!

I ddechrau, cefais un wers gan Emrys, fy ngŵr, mewn maes parcio hollol wag. Chawsom ni fawr o lwyddiant am fy mod i wedi gwneud i'r car neidio a sgrialu i bob cyfeiriad, a fedrwn i ddim cofio pa un o'r pedalau traed oedd p'un. Mi awgrymodd Emrys yn y fan a'r lle y dylwn i gael gwersi gan ysgol yrru swyddogol achos, yn ei dyb ef, petai'n rhaid iddo fo fy nysgu i yrru, byddem wedi cael ysgariad cyn iddo orffen y dasg!

Doedd dim amdani felly ond gofyn i rywun proffesiynol fy nysgu. Felly y bu, ac i dorri stori hir, hir yn fyr iawn, mi gefais lawer o wersi yng

Y 'Learner Driver' yn Swydd Efrog

Nghaernarfon a thipyn yng Nghaerdydd, fel y teimlais yn y diwedd fod fy sgiliau gyrru car yn ddigon da i mi fentro gwneud hynny yn rhywle anghyfarwydd, i gael mwy o ymarfer. Felly gyrrodd Emrys fy Mini i'r Yorkshire Dales un tro, gan feddwl y byddwn yn cael penrhyddid i yrru'n ddidramgwydd ar hyd y lonydd gwledig tawel yn fan'no, am newid.

Roeddwn wedi sticio'r L fondigrybwyll yn ogystal â'r D Gymraeg ar y Mini, yn ymwybodol 'mod i mewn gwlad arall, ac wrth fy mod yn gyrru mor araf a herciog a'm ffenest ar agor, mi glywais un o griw o ffermwyr a oedd ar ochor y ffordd yn pwnio'i gydymaith wrth weld y llythrennau L a D ac yn deud:

'*Eee, by 'eck lad, that lass be Learner Driver!*'

Yn anffodus, yn ddiweddarach yn y dydd, llwyddais, yn anfwriadol hollol, i greu drama pan oedd y gyfres deledu *All Creatures Great and Small* yn cael ei ffilmio yn y rhan honno o Swydd Efrog yn ystod y cyfnod roeddwn i ac Emrys yn yr ardal tua diwedd y 1980au. Gyrrais yn or-hyderus braidd ar hyd y lôn fach dawel drwy'r caeau a'r defaid Swaledale hefo'u hwynebau trawiadol, heb sylwi ar rywun wrth ymyl y ffordd a oedd yn gwneud ei orau, drwy chwifio'i freichiau a neidio i fyny ac i lawr (yn ôl Emrys), i stopio fy nghar. Anwybyddais hwnnw, a gyrru 'mlaen. Yn sydyn, dyma ddod wyneb yn wyneb â'r actor Robert Hardy, un o sêr y gyfres deledu grybwyllais i eisoes. Roedd o'n amlwg ar ganol cael ei ffilmio, ac yn gwgu a sgyrnygu arna' i gan 'mod i wedi difetha'i olygfa (a bron â'i daro i'r llawr)! Mae'n gywilydd gen i ddatgan na wnes i stopio i ymddiheuro, achos 'mod i ormod o ofn cael ffrae haeddiannol gan yr actor enwog hwnnw! Yn hytrach, mi ganais fy nghorn yn swynol ddigon a sgrialu o'i olwg cyn cael fy nal.

Wedi i mi yrru'n ddigon pell, stopiais y Mini yn stond i ddod dros fy nychryn, gan fynnu mai Emrys fyddai'n ei yrru o hynny 'mlaen gan mai digon oedd digon, a chyn belled ag yr oedd gyrru car yn y cwestiwn, roeddwn i wedi cael llawer mwy na digon!

A dyna ddigwyddodd am gyfnod, nes imi benderfynu un diwrnod, yn ddiarwybod i bawb o 'nghydnabod, mod i am yrru'r car unwaith eto yn y dirgel, i weld a oeddwn i'n cofio sut oedd gwneud hynny. Achos erbyn hynny, roedd fy mam angen *chauffeur.*

Roedd Emrys a minnau yn byw ar stad Maesincla ar y pryd, yn hen gartref ei deulu, lle roedd 'na garejys cymunedol tu ôl i'r stryd o dai. Yn un o'r rheiny roedd fy Mini – sef y garej wrth ymyl yr un â'r graffiti: '*If you mix yp wudd Olga, you get ogla'* ar ei ddrws. (Gyda llaw, wydda' teulu fy ngŵr na fynta' ddim chwaith pwy roddodd y sgwennu yn fan'no, na phwy o'dd yr Olga druan fu'n destun gwawd mor haerllug, ond mae arna' i ofn y bu'n achos i godi sawl gwên hefyd, rhaid cyfaddef!)

Ta waeth am hynny, dyma agor drws y garej yn llechwraidd iawn, ac edrych dros fy ysgwydd yn slei bach i sicrhau nad o'dd 'na neb yn busnesu – rhag ofn iddyn nhw fod yn dyst i 'nreifio trychinebus i, achos o flaen y rhesiad garejys, roedd 'na lain fawr o goncrid a oedd yn lle da iawn i gar bach a'i yrrwr gael ymarfer gyrru. Wrth gwrs, dyna'n union wnes i . . . heb lwyddo rhyw lawer.

Taniais y car, codais y sbardun yn llawer rhy sydyn, nes sbonciodd o i bob cyfeiriad. Roedd hynna i'w ddisgwyl a deud y gwir gan nad oeddwn wedi'i yrru ers peth amser. Yr hyn oedd yn annisgwyl ac yn anarferol iawn oedd bod y car, er i mi ddiffodd ei injan, yn dal i ysgwyd yn y modd mwya' rhyfedd! Gallwn daeru bod 'na rywun dirgel yn tynnu fy nghoes, ac yn ei ysgwyd o'r tu allan yn hollol fwriadol! Ond welis i neb, a derbyniais y ffaith 'mod i'n yrrwr car anobeithiol, ac mai'r peth mwya' tebygol oedd mai fi fy hun mewn gwirionedd a oedd wedi gwneud rhywbeth anhechnegol i'r Mini i 'neud iddo vibratio felly yn y modd mwya' od! Yn drist a distaw, parciais fy nghar yn ôl yn y garej, a bolltio'r drws cyn cerdded oddi yno'n benisel gan dderbyn na fyddwn i fyth yn gallu bod yn gefn effeithiol i Mam drwy'i gwaeledd am na allwn i feistroli'r grefft o yrru car.

Dim ond dau funud yn ddiweddarach, daeth haul ar fryn fy ngofidiau achos pan o'n i'n cerdded yn ôl tua'r tŷ, dyma lais cyfarwydd cymydog yn galw arnaf:

'Deimlis' di'r *earthquake* 'na 'ŵan?'

'Y?!' oedd yr unig beth allwn i ei ddeud.

'O'dd bobman yn crynu, 'doedd?'

A chofiais fod ein hardal ni yng ngogledd Cymru

newydd ddioddef daeargryn sylweddol ar y pryd, ac mai daeargryn arall, yn llai na'r llall, oedd yn gyfrifol am ysgwyd fy nghar! O glywed hynny, llamodd fy nghalon ac adroddais fy stori wrth fy nghymydog, a gydrannodd foliad o chwerthin iach hefo mi, yn ogystal â fy rhoi ar ben ffordd ynglŷn â meistroli'r gyrru car. Awgrymodd 'mod i'n gofyn i Helen May Jones fy nysgu i yrru.

'Os na ddysgi di hefo Helen, ddysgi di'm efo neb!' medda' fo.

Ac er mawr ryddhad i mi, roedd o'n llygad ei le. Ar ôl hir ddyfalbarhau, mi lwyddais hefo Helen i feistroli'r gyrru a phasio fy mhrawf. Bron yn syth ar ôl hynny, mi werthais fy nghar cyntaf, a phrynu car arall roeddwn i'n teimlo'n llawer diogelach tu ôl i'w olwyn!